30대, 어떤 인생을 원하는가?

30대, 어떤 인생을 원하는가?

초 판 1쇄 2023년 10월 26일

지은이 홍동규
펴낸이 류종렬

펴낸곳 미다스북스
본부장 임종익
편집장 이다경
책임진행 김가영, 신은서, 박유진, 윤가희, 윤서영, 이예나

등록 2001년 3월 21일 제2001-000040호
주소 서울시 마포구 양화로 133 서교타워 711호
전화 02) 322-7802~3
팩스 02) 6007-1845
블로그 http://blog.naver.com/midasbooks
전자주소 midasbooks@hanmail.net
페이스북 https://www.facebook.com/midasbooks425
인스타그램 https://www.instagram/midasbooks

© 홍동규, 미다스북스 2023, *Printed in Korea*.

ISBN 979-11-6910-354-1 03190

값 18,000원

※ 파본은 본사나 구입하신 서점에서 교환해드립니다.
※ 이 책에 실린 모든 콘텐츠는 미다스북스가 저작권자와의 계약에 따라 발행한 것이므로 인용하시거나 참고하실
  경우 반드시 본사의 허락을 받으셔야 합니다.

미다스북스는 다음세대에게 필요한 지혜와 교양을 생각합니다.

30대, 어떤 인생을 원하는가?

홍동규 지음

주체적인 삶을 위한 2030 셀프리더십

미다스북스

이야기에 앞서

지난 과거를 돌아보니 절망했던 일들도 전화위복이 되었고, 좋은 일도 안 좋은 결과를 맞이한 적이 있습니다.

모든 사람은 미래를 예측하지 못합니다. 내가 지금 내린 결정이 미래에 어떤 영향을 줄지 아무도 모르기에, 우리는 선택에 있어 늘 조심하고 깊이 고심합니다.

누군가 하고 싶은 경험과 선택을 이미 해본 사람이 그때를 다시 회상하고 해석한다면 어떨지 생각해 보았습니다. 지금 그 선택을 앞둔 누군가는 훨씬 더 수월한 선택과 나은 방향으로 시행착오를 줄여 갈 수 있을 거라는 생각이 들었습니다.

인생은 어쩌면 낯부끄러운 일들의 연속입니다. 시련과 고난이 늘 함께합니다. 그 고통을 이겨낸 지금도 당시를 회상하면 어떻게 이겨 냈나 신기합니다.

진짜 목숨 걸고 무언가 시도했던 경험이 어쩌면 다 좋은 결과를 가져왔습니다. 포기하지 않고 간절하게 하면 조금 더 나은 선택지와 인생의 지혜를 얻어갈 수 있습니다. 그 지혜를 여러분께 먼저 공유하고자 펜을 들었습니다.

오늘도 행복한 일들로만 하루를 채워가셨으면 좋겠습니다.

2023.10. 가을 초입에서. 홍동규 올림

문득 나 자신을 드러낸다는 것이 정말 대단한 용기라는 생각이 든다.

사람들 앞에서 발표하고, '나는 이런 사람이야.'라고 얘기하고 다니는 게 어쩌면 타고난 성격일 수 있지만, 대한민국 사회에선 이런 성향 자체를 용인하지 않아 온 것이 사실이다. 자라오면서 그렇게 가르쳐 준 적이 없었기에 익숙하지 않다.

수많은 강연에서, 설명회에서도 마무리는 Q&A 시간이나 화자와 청자 간의 대화시간을 가진다. 질문이 있냐고 관계자가 물으면 대개 한 명도 손을 들지 않는다. 누군가 한 명이 손을 들고 발표를 하면 어떤 사람인지 궁금한 눈빛을 가진 채 그 사람에게 모든 시선이 쏠린다.

미국에서는 모든 것이 달랐다. 수업 중간에 본인이 모르는 부분이 있으면 학생들은 수업을 도중에 자르고 질문을 한다. 본인이 이해할 때까지 질문한다. 절대 남 눈치를 보지 않는다. 그런 문화 자체를 하나도 이상하게 여기지 않고 오히려 교수님 또한 질문을 기다렸다는 듯 적극적으로 질문 그 이상의 대답을 해주신다. 수업의 진도가 늦게 나가는 것은 중요치 않다.

멕시코에선 오히려 더하다. 수업 중 질문을 넘어 일주일에 한 번 수업한 것에 대해 내 생각을 말하는 시간을 갖는다. 그만큼 내 의견이 중요하고, 내가 주인공이 되어 수업이 진행되기 위해 구성원 모두가 애쓴다. 그렇기에 단연 수업의 질이 더 높고 적극적이고 활기찬 분위기가 형성된다.

내가 수업료를 낸 것을 넘어, 상대방에게 피해를 주지 않는 선에서의 내 최대 자유를 누린다. 이것이 우리나라 사람들과의 가장 큰 차이점이다. 그만큼 우리는 남의 시선을 신경 쓰고, 타인의 생각에 맞추어 스스로 개성을 묵살한 채 살아가는 경향이 짙다. 이런데 어떻게 나 자신을 드러내기가 쉽겠는가?

이 무수한 경험과 생각을 말미암아 누군가에게 위로의 메시지를 주고 싶다.

그 이유는 첫째로, 상상 그 이상으로 상처를 갖고 살아가는 사람들이 많다. 직장인으로 사는 사람은 주변에 직장인밖에 보이지 않는다. 늘 주변 사람의 생각과 잣대, 기준에 맞추어 세상을 바라보고 더 넓은 시야를 가질 기회가 간접적으로(책이나 매체)밖에 없기에 타인의 삶을 들여다보지 못한다. 하지만 인간관계, 직장, 연인, 결혼, 금전적인 이유 등 다양한 외적 요인으로 상처를 받고 아파하는 사람들이 많다는 것을 알게 된 후로 생각을 달리하게 되었다.

한순간의 사고나 사건으로 방 안에만 틀어박힌 채 정상적인 생활을 못하는 사람들이 TV가 아닌 내 주변에 있고, 대단한 능력을 갖췄음에도 주변 사람들의 질투, 시샘, 오해를 사 직장을 그만두고 재기에 어려움을 겪는 사람도 있다. 이 사람들의 공통적인 특징은 세상에 자신을 드러내기 두려워한다는 것이다. '혹여나 이 아픔을 누군가 비웃지는 않을까, 위로를 건네긴커녕 가뜩이나 아픈데 욕하지 않을까?'를 걱정한다.

둘째, 내 이야기도 누군가에게는 큰 공감과 위로이기 때문이다. 원래 세상살이는 볼품없는 일들의 연속이다. 대개 TV나 매스컴을 통해 우리가 접하는 연예인 운동선수들은 성공한 사람이지만 일상에서 보통 사람은 공감하지 않는다. 우리 주변만 봐도 소시민이 대다수고 그 안에서 비교를 하고 우월감을 느끼고 수치심을 느끼는 의미 없는 감정 소모를 한다. 우리는 절대 대통령과, 국회의원과 내 삶을 비교하지 않는다. 내가 훨씬 열등한 것을 누구나 알고 있기 때문이거니와, 나와 아예 다른 세상에 사는 사람으로 치부하기 때문이다.

인생을 살며 우여곡절이 있었던 삶의 굴곡들이 누군가에게는 평범할 수 있지만, 이와 같은 상황이나 비슷한 어려움을 가진 사람에게는 큰 위로와 공감을 줄 수 있겠다는 생각이 든다. 책은 정보전달을 넘어 '공감을 사고 안 사고' 여부에 모든 것이 판가름 난다고 믿는다. "이 사람이 나와 같은 어려움을 겪었네, 나도 지금 너무 힘든데 어떻게 이 사람은 이를 극복했을까?" 당연히 다음 페이지가 궁금할 수밖에 없다.

나를 세상에 드러낼 용기가 있다는 것은 내 이익을 넘어 타인에게 도움을 줄 수 있는 첫 발걸음임을 깨닫는다.

인생의 길은 한쪽이 아닌 여러 가지로 뻗어 있다. 옛말에 모로 가도 서울로만 가면 된다는 말이 있듯, 돌고 돌아 이곳 서울에서 내가 원하는 일과 글쓰기를 마음껏 할 수 있다는 것에 새삼 놀란다.

"나는 남들과 같은 일반인인데, 똑같이 열심히 살아서 너도 할 수 있어!"라는 원론적인 말은 더 사회에서 받아들여지지 않는다. 각자 사람은 처한 환경, 가치관, 성격 모든 것이 다르기 때문이다.

미국에서 대통령이 스트레스 받는 직업 2위로 뽑힌 적이 있다. 누구에게는 가장 명예롭고 빛난 직업일 수 있지만 받은 수입에 비교해 상대적으로 본인이 느끼는 압박감은 엄청날 것이다.

어쩌면 인생에서 가장 큰 행복은 내가 바라는 것이 되는 '명사'가 아니라 그 바라는 것이 되어가는 '동사'라고 생각한다. 하루하루 허투루 보내지 않는 그 시간이 모여 내 가치관을 형성하고 더 나은 내일을 만든다.

정말 내가 관심 있고 좋아하는 것을 꾸준히 하는 것. 이것이 나를 더 가치 있게 하고 내일 더 행복한 삶을 살 수 있다.

연인과 다툼, 직장에서의 인간관계, 부모와 자식 간의 이해관계, 친구와의 관계, 금전적인 관계 등 우리는 어쩌면 수많은 이해관계 속에서 스트레스 받으며 살아간다.

이 스트레스를 줄일 수 있는 원초적인 방법은 스트레스의 원인을 제거하고, 내 할 일에만 집중하는 것이다. 직장인은 일을 잘하고, 학생은 공부를 잘하고, 친구 간에는 서로를 위로하고, 부모에게는 늘 잘하면 된다.

오늘을 사는 독자를 맹목적으로 위로하기보다, 스스로 생각할 때 하루를 후회 없이 보냈다는 생각이 든다면 우리는 더 재밌게 인생을 그려나갈 수 있다.

과거에 지나간 역경과 힘든 순간도 지금 돌이켜보면 내가 왜 힘들어했을까? 생각하곤 넘기는 일들이 많다.

이 책이 독자님들이 좋아하는 것을 찾는 데 도움이 되었으면 한다. '아니면 말고' 정신으로 늘 새로운 것에 도전하고, 하루를 더 값지게, 그 누구보다 시간을 농도 있고 진하게 보냈으면 한다.

목차

1단계

삶을
리셋 Reset 하라

Please do not be cynical. I hate cynicism.

For the record, it's my least favorite quality and it doesn't lead anywhere.

Nobody in life gets exactly what they thought they were going to get.

But if you work really hard and you're kind, amazing things will happen.

I'm telling you, amazing things will happen.

It's just true!

제발 시니컬해지지 마십시오. 저는 냉소주의를 싫어합니다.

저는 불평불만이 삶에서 가장 쓸데 없는 기질이라 생각합니다.

세상 사람 그 누구도 자신의 앞날을 확신할 수 없습니다.

그러나 하루하루 성실히 일하고 친절히 대한다면 놀라운 일이 펼쳐질 것입니다.

실로 기적이 일어납니다. 이것이 세상의 이치이자 진리에요!

코난 오브라이언, 〈더 투나잇쇼〉中

재해석이란 무엇일까? 다시 새롭게 해석해 보는 것이다. 한낱 공부나, 학문, 사건에만 해당하지 않는다. 인생도 그러하다. 내가 살아온 인생을 돌아보며 그때의 감정, 생각들을 지금에 맞게 해석하고, 새로운 미래를 설계하는 것이다. 과거의 성찰과 앞으로의 계획을 명확하게 분석하지 않는다면 계획한 대로 사는 것이 아니라 사는 대로 생각하게 되는 악순환이 펼쳐진다.

기록하지 않으면 모든 것은 잊힌다. 내 지나온 삶에도 유의미한 부분이 분명 있기에 이를 돌이켜보고 삶에 적용하고자 한다. 우리의 삶은 지나온 삶을 재해석함으로써 앞으로의 경험에 긍정적인 시너지를 가져다준다. 그 누구에게는 지나온 삶의 과정이 후회로만 가득할 수 있고, 누구에게는 보람차고 치열하게 살아왔던 조각일 수 있다. 지나온 삶을 배경 삼아 앞으로 나아가기 위해서는 삶을 면밀하게 돌아보는 과정을 거쳐야 한다. 자동차도 기름이 없으면 중간에 방전되듯이, 중간에 멈추어 지난

여정을 돌아보는 것이다.

오늘 직장상사가 나한테 했던 말, 부모님의 잔소리, 친구가 무심코 던진 말 한마디. 우리는 하루에도 몇 번씩 타인의 말과 행동을 해석한다. 다른 사람의 기대에 맞춘 삶은 아무런 의미가 없다. 답이 정해져 있지도 않거니와, 내 해석이 정확할 확률도 거의 없다. 기분만 안 좋아질 뿐이다. 정작 내가 여태껏 살아온 인생은 돌아보지 않은 채 우리는 안 좋은 일에 더 많은 의미부여를 하고 시간을 쏟는다. 이는 내 자존감만 갉아먹는다.

삶은 의미를 찾아가는 과정은 내 지나온 경험에서 답을 찾을 수 있다. 내 경험에 새롭게 정의를 내림으로써 나만의 정체성을 지켜야 한다.

하루는 24시간이고, 일주일은 7일, 1년은 365일이다. 하루, 일주일, 일 년 시간은 쏜살같이 지나간다. 뒤돌아보면 몇 년 더 늙어 있다. 얼마 전 20대를 시작하고 입대한 것만 같다. 하루하루 시간은 참 안 가는데 돌아보면 너무나 빠르게 내 소중한 젊음이 지나가고 있다.

고등학교 입시 때는 오답 노트를 자주 만든다. 오답 노트를 하는 이유는 같은 유형의 문제를 틀리지 않기 위해서다. 인생에서도 오답 노트를 적용해 보자. 앞으로의 삶의 방향성을 곧게 가져가고, 내가 정한 분야에 있어 괄목한 성과를 얻는다.

이미 흘러버린 시간을 되돌릴 수는 없다. 지나온 삶을 힐난하거나, 후회하는 것이 재해석이 아니다. 후회한다고 해서 지금 바꿀 수 없는 것은 아무것도 없을뿐더러 지금보다 더 나은 상황을 만들 수 있는 것이 아니라는 것을 더 잘 알기 때문이다. 인생을 재해석하는 이유는 앞으로의 인생을 바꾸기 위함이다.

어차피 내가 지나온 삶의 흔적들에서의 나 자신은 그때 할 수 있는 최선의 결정을 한 것이다. 지금 그때로 다시 돌아간다고 해도 똑같은 선택을 했을 것이다. 더 나은 선택을 했을 거라는 확신이 없다.

모든 경험에는 이유가 있다. 어릴 때 열심히 공부해라, 도둑질하면 안된다 등 부모님이나 어른들이 시킨 것을 제외하고 내가 주체적으로 택했던 경험에는 모두 이유가 존재한다. 내 기호가 존재하고 내 최소한의 관심이 들어가 있으므로 그 경험을 한 것이다.

배스킨라빈스 31 아이스크림 가게에서 아르바이트했다고 가정해 보자. 왜 파리바게뜨도 아니고, 고깃집도 아니고, 프랜차이즈 커피집도 아니고 배스킨라빈스 31이었을까? 본인만의 이유가 있었을 것이다. 당시 내가 돈을 중요하게 생각했더라면 시급이 더 높아서일 수도 있고, 내가 남들보다 아이스크림을 더 좋아하기 때문일 수도 있다. 이런 순간순간의 선택들이 쌓여 경험을 이루고, 경험들이 내 삶, 내 미래를 만든다.

삶을 살아가는 데 있어 모든 기회는 경험만이 만들 수 있다. 책을 읽는 것도 사실상 시간은 제한적이기에 모든 경험을 할 수 없으니 간접적으로 경험을 얻고자 책을 읽는 것이다. 남의 경험을 단돈 만 원에 얻을 수 있다는 것은 큰 축복이다.

　세상에 영원한 것은 존재하지 않는다. 인생을 돌아보면 좋은 순간들도 많았고, 좋았던 순간들은 항상 빠르게 지나갔다. 친구들과 사랑하는 가족들과 기쁨을 나누기도 했다. 반대로 시련은 왜 나한테만 이런 시련들이 몰아서 오는지, 도저히 견디기 힘든 순간들도 있었다. 그 당시는 매우 힘들고 하늘이 나를 버린 것 같은 생각이 들더라도 어쨌든 다 지나갔다. 오히려 전화위복이 되는 때도 있었다. 즉, 이 모든 일련의 경험들은 영원하지 않다. 늘 다 지나가고 새로운 경험들이 나를 기다리고 있다.

　사람들이 스포츠카를 타고, 샤넬 백을 사고, 명품 옷을 입고 다니는 것이 고작 얼마나 지났을 것 같은가? 100년도 되지 않았다. 예전에는 이동 수단으로 말을 타고 다녔는데, 자동차가 나오기까지 정말 오랜 시간이 걸렸다. 하지만 지금은 다르다. 최신 핸드폰과 아이패드를 휴대하는 우리는 내년에는 또 다른 무언가를 사용할 것이다.

　중요한 것은 '그때 내가 뭘 했지, 이런 시련들이 있었지.'와 같은 단순 나열식, 자서전이 되어서는 안 된다. 또 시간이 지났다고 해서 그 경험이 미화되어서도 안 된다. 그때밖에 할 수 없었던 경험, 지금은 돈을 주고도 살 수 없는 경험이라고 생각하고 미화하기보다 객관적으로 돌아볼 필요가 있다. 현재를 추억하되, 그 경험들에서 나는 어떤 인사이트를 얻었는지를 파헤쳐내는 것이 인생 재해석의 가장 큰 목적이다. 그 인사이트를 발견함으로써 앞으로의 경험에 더 나은 선택과 경험을 할 수 있다.

우리 집에는 내가 7세부터 썼던 일기장이 단 한 권도 버리지 않고 그대로 있다. 10세 때부터 있었던 여자 친구의 연애편지도 하나도 빠짐없이 그대로 있다. 단지 추억을 되새기기 위해서만 나는 그것을 모았다. 시간이 흘러 그것을 다시 보았을 때 문득 이런 생각이 들었다.

'그때의 나는 이런 생각을 했구나, 지금이었으면 이렇게 했을 텐데.'

여자 친구에게 잘못해 헤어지고 용서를 구하는 편지, 수업시간에 집중하지 못해 뒤에서 온종일 벌만 섰다는 12살의 일기장, 엄마가 태권도 회비를 줬는데 거꾸로 들고 가 모두 땅바닥에 돈이 떨어져 돈을 잃어버렸다고 엉엉 운 날의 일기를 보며 그때만이 할 수 있는 행동과 일들이라는 생각을 넘어 누군가 타임머신을 타고 그때로 돌아가 나를 알려주었으면 하는 생각이 들었다.

그것은 불가능하다. 하지만 지나버린 내 유년시절 경험만은 그대로 남아 있다. 이 세상 그 누군가 나와 똑같은 처지에 있는 사람이거나, 나와 같은 꿈, 생각들이 있는 사람들이 세상에 많다. 그들에게 지금의 내 모습과 그때의 내 모습을 양면적으로 바라봄으로써 인생을 지혜롭게 사는 데 도움이 된다면 얼마나 기쁠까?

단순히 일기장과 연애편지를 넘어 미래의 누군가 정답을 알려주면 더 지혜롭게 인생을 살아갈 수 있다는 생각을 했다. 내 경험이 정답이 아닐지라도 내가 결정한 경험에서 안 좋은 결과를 얻었다면 그 결정한 경험을 피하면 되는 것이고, 내가 결정한 것에서 좋은 경험을 얻었더라면 그 결과를 행하면 되는 것이다. 타산지석 삼아 본인의 인생을 갈고닦아 나간다면 나는 더할 나위 없이 행복할 것이며, 이 글을 쓴 보람을 느낄 것이다.

지금도 늦지 않았다. 나는 지금에서야 내 삶을 돌아보지만, 지금 당장 각자가 겪은 경험을 비추어보고 그 교훈으로 미래를 밝히는 촛불이 되게 하자.

인생을 정면 돌파하라

돌아보면 힘든 나날들의 연속이었다. 기적이 오길 하루하루를 버텼지만, 기적은 오지 않았다. 인생사 누구에게나 희로애락은 존재하지만, 왜 나에게만 이런 시련이 오나 늘 불평하고 하늘을 원망했다. 하루 중 유일하게 좋았던 시절을 꼽으라면 잠을 잘 때였다. 그나마 현실에서 도피할 수 있었기 때문이다.

그때부터였다. 나는 진짜 의미 있는 삶이 뭔지에 대해 늘 자기 전 고민했다.

명확한 명제는 '지금 우리 집은 돈이 없어 참 불편하다.'라는 것이다. 그런데 돈이 많으면 과연 성공한 삶이라 할 수 있을까? 돈이 정말 많은데, 로또에 당첨됐는데 막상 하고 싶은 것이 없으면 어쩌지? 그냥 돈을 은행에다 담아두고 똑같은 인생을 살아보면 내 마음속 한편이 든든할까? 그런 삶 자체는 전혀 행복해 보이지 않았다. 그렇다면 내 인생에서 가장 중요하게 생각해야 할 것은 무엇일까? 바로 자아실현이다. 그때는 자아실현이라는 단어를 몰랐으니 '꿈을 꾸는 것'이라고 하겠다.

길을 잃은 사람은 성장이 없다. 늘 그 자리만 맴돌고 하루 쳇바퀴 같은 똑같은 삶만 살아간다. 근데 목표가 있는 사람은 아주 느리더라도 언젠가 그 목표에 기필코 도달한다. 그 과정이 매우 힘겹고 더딜지라도, 하나의 목표가 있으면 하루를 살아갈 활력을 주고 아무리 힘겨운 일이 닥쳐도 이겨낼 버팀목이 된다.

이때부터 느꼈다. 삶에서 돈도 명예도 아닌 자아실현만이 나를 성공으로 이끈다는 것을.

나는 영어를 배우고 싶었다. 더 넓은 세상에서 외국인들을 만나며 세상에 가치 있는 일을 하고 싶었다. 그저 부러웠다. 친구들이 돈을 내고 다른 나라 언어를 배우고, 양질의 콘텐츠로 수업을 듣는다는 것. 어쩌면 내가 당시 그러지 못했던 열등감에서 비롯된 것이기도 하다. 배움에 대한 열정은 그 무엇도 막을 수 없다는 것이 맞는 말이다.

지금도 그 당시 영어를 하고 싶다는 생각이 들었을 때, 내 기분이 어땠는지를 생각하면 가슴이 뛴다. 그때 나는 얼른 배우고 싶어 가슴이 뛰었다. 가슴이 뛴다는 건 무엇일까? 내가 어떤 일을 하며 설레는 감정이다. 이것이 내 길이라는 것이고, 이것을 하면 내 삶이 더 풍요로워질 수 있다는 것이다. 계속 이 일을 하고 싶고, 퇴근 시간이 지나서도 시간 가는 줄도 모르는 것. 나 스스로 동기부여가 되는 것.

20대 후반에서 30대 초 대다수 사람이 겪는 문제는 단연 취업이다. 취업만 하면 됐지, 왜 갑자기 책을 펴자마자 가슴이 뛰는 일에 관해 설명하는 것이 의아한 독자들도 있을 것이다. 하지만 직업과 진로를 선택하기에 앞서 가장 중요한 것이 내가 주체가 되어 선택한 일이냐는 것이다. 내가 주체가 되어 선택하지 않는 직장은 힘들게 입사해서도 하루하루가 괴롭고 감옥에 갇혀 있는 느낌을 준다. 우리는 최소한의 스펙 이외, 스펙 그 자체에만 매달리다가 더 중요한 것을 놓치지 않아야 한다.

스펙은 화려한데 자기 삶에 철학이 없는 사람들은 면접 때 보면 그냥 매력 없는 인형과 다를 바 없다. 중요한 건 경험이 아니라 사소한 경험이라도 자신의 것으로 녹여낼 수 있냐는 것이다.

입사뿐만 아니라, 회사생활을 하면서도, 퇴직해서도 항상 본인 '철학'과 '방향'을 갖고 사는 것이 가장 중요하다. 스펙이 아무리 화려해도 서류전형에서 탈락하는 이유는 자신의 경험을 백화점에 디스플레이하듯 나열만 할 줄 알고, 그걸 엮어내지 못했기 때문이다. 아니, 백화점 디스플레이조차도 소비자의 심리와 동선을 고려한 작품인데, 그보다도 못하지. 그냥 굴비 엮듯 엮어둔 거.

삶의 '방향'이 뭔지 초점을 두고 잘 생각해 볼 필요가 있다. 내가 바라는 인생은 뭘까? 남들이 다 취업을 하니 취업을 하고 싶다, 아무것도 안 하기엔 불안하니 막연하게 취업준비생의 길로 들어서야겠다는 원론적인 생각은 버려야 한다. 최소한 어떤 종류의 회사에 입사하여 어떤 직무를 맡아보고 싶다는 본인만의 입장은 있어야 한다.

내가 어떤 일을 해야 가슴 뛰는지 잘 모르겠다면 삶의 지도를 그려보는 것도 좋은 방법이다. 인생 그래프를 그려도 좋고, 마인드맵도 좋다. 그러면서 나는 무엇을 중요하게 생각하고 살았으며 어떤 방향으로 나아가고 있는지. 방향이 없다면 어떤 방향으로 나아가고 싶은지. 20년 이상 살아오면서, 아무리 생각 없이 되는 대로 막 산 것 같다고는 해도 인간인 이상, 나도 모르게 어딘가로 이끌리듯 살고 있었을 것이다.

나를 그쪽으로 끌고 가는 것이 무엇인지, 무슨 가치인지, 그 방향이 어디인지 잘 생각해보자. 경험이 많은 분들은 그 경험과 방향의 상관관계를 잘 생각해보자. 난 왜 그 경험을 해야 했으며, 그 경험이 나를 지금의 방향으로 나아가게 하는데 어떻게 작용했는지.

역방향이었다면 난 왜 그 경험을 택했고, 그 경험이 왜 날 지금의 자리로 밀어 준건지를 생각해보는 것이다.

반면에, 경험이 없는 분들이라면 사소한 일상에서부터 정말 소소한 것들까지 자신의 철학을 찾는 데 집중하는 시간을 가져야 한다. 그 작업이 먼저 이루어지지 않는 이상 자기소개서는 지루한 글이 될 수밖에 없고, 면접도 마찬가지이다.

그 어떤 영어성적이나 해외연수, 인턴 경험보다 중요한 것은 자신의 삶을 어떻게 제어해 왔고 어떻게 앞으로 제어해 나갈 것이며, 그것을 글을 읽는 실무자와 면접관에게 어떻게 효과적으로 들려줄지에 대한 것이다.

스펙이 필요 없다는 게 절대 아니다. 당연히 지원할 수 있는 최소요건 그 이상은 맞추어야 한다. 내가 남들에게 내세울 이렇다 할 스펙이 없다고 절망할 필요도 없다. 회사는 면접에서 나의 실력을 보는 것이 아니다. 나의 잠재력을 보는 것이다. 업계마다, 회사마다 차이는 있을 수 있겠지만, 취직에 영향을 끼치는 요소임은 어디든 마찬가지다.

많은 취업준비생 또는 2030들이 회사에 대해서는 많이 연구해오면서 정작 자기 자신에 관한 연구는 하지 않는다. 회사는 회사에 잘 적응할 수 있는 사람을 원하는 거지, 아무 회사에나 자신을 끼워 맞춘 척하는 사람을 원하는 게 아니다.

회사에 잘 적응하려면 자신의 삶을 스스로 지배할 수 있어야 한다는 사실을 잊지 않아야 한다.

20년이 지난 지금, 대학을 바라보는 우리의 인식은 이분법적으로 바뀌었다. 서울에 있는 대학과 그렇지 않은 대학.

뉴스를 보면 지방대의 몰락, 지방대 대학 신입생 지원 미달, 지방대학교 재정악화 해결방안, 폐교위기의 대학들 이러한 머리말들이 자주 보인다. 어떤 학교는 신입 입학생 전원에게 아이패드를 지급한다고 광고를 하는데도 학생들이 등록을 포기한다. 그들에게는 아이패드는 중요하지 않다. 내 인생이 더 중요하다.

지방에서의 삶은 큰 변화가 없고 한없이 안정적이며 단조롭다. 서울은 어느 나라 수도처럼 늘 바쁘고 다양한 일을 하는 사람이 많기에 색다른 기회를 찾을 수 있지만, 삶이 늘 팍팍하다. 지방러들에게 서울은 돈이 참 많이 든다.

맞는 말이다. 돈도 있어야 하고, 경쟁에서 뒤처지면 안 되고 늘 이곳 서울은 나에게 자극적이고 새로운 것을 요구하고 갈망한다. 대학생부터 벌써 모두가 이렇게 생각한다는 현실에 가슴이 미어진다.

그렇다면 지방대의 몰락은 어떻게 시작된 걸까?

1. 취업& 커뮤니티 인프라 부재

지방대의 경우 재학생들 사이에 '우물 안 개구리'라는 관념이 팽배하다. 서울이 연예인이라고 하면 지방대는 청중에 가깝다. 연예인이 새로운 옷을 입고 신발을 신고 유행을 선도하면 청중도 똑같은 것을 사러 인터넷이나 오프라인을 뒤지듯, 서울에서의 입시, 취업제도, 최신정보들을 지방대는 그저 따라 하기만 바쁘다. '서울에서는 이렇게 한다더라!'라는 획일화된 교육방식, 한정된 정보로 겨우 서울 대학생들을 쫓는다. 주변에 대학교도 서울처럼 붙어 있지 않기 때문에 같은 대외활동이나 스터디 모임을 해도 규모나 인프라가 작아 한정된 정보로 싸울 수밖에 없다.

2. 기업의 부재 & 많은 대학

가장 중요한 것은 기업이다. 대한민국 기업의 본사는 서울에 93% 몰려 있다. 지방에는 공장이 많으므로 공대생들의 경우 오히려 지방에 취업하기가 어렵지 않다. 유망학과의 경우 특히 60~70%가 넘는 취업비율을 자랑한다. 문과생과 공대생의 취업률이 다른 또 다른 이유다.

현재 우리나라의 경우 4년제 대학은 약 195개이다. 좁은 땅덩어리에 많아도 너무 많다. 대학진학률은 90%에 육박한다. 교육의 중요성이 아니라 안 가면 도태되는 사회다. 다른 선진국과 비교했을 때 20% 이상 차이가 난다.

국토면적의 10%밖에 되지 않는 수도권에 이토록 사람이 몰리는 이유는 기업의 부재에 따른 문과생들의 일자리 감소, 너무 많은 지방대로 인한 취업 경쟁력 부족이다. 면접이라도 한번 보기 위해서는 왕복 10만 원으로 서울을 가야만 한다. 단지 나는 지방에 살고 있을 뿐인데 물리적 거리가 주는 좌표만으로 기회를 잡는 것마저 이렇게나 힘들다.

나도 실제로 최종면접이 오전 9시였는데 울산에서 새벽 4시에 일어나 출발했다. 면접실에 도착하자마자 이미 면접을 다 보고 나온 것과 같이 심신이 지쳤다. 그 전날 와서 서울에서 자고 면접을 볼 수 있었으나 굳이 돈 낭비라고 생각했다.

블라인드 채용으로 학벌이 아무런 의미 없는 세상이 되었다고 한들,

'뽑고 나서 보니 서울대더라.'라는 말이 심심찮게 들린다. 교육 및 자격증의 수준이나 자기소개서의 소재, 글의 맥락, 자라온 환경, 면접의 기능 등 기업이 평가한 개인의 모습은 지방대학교 학생들이 서울 학생들을 이기기에는 턱없이 부족하다는 것이다. 옆에서 같이 뛰어야 나도 뛰고 싶은 동기부여가 생기듯, 더 넓은 세상으로 가 더 많이 배우고자 하는 대학생들의 의지도 어쩌면 지방대의 몰락을 자처하고 있다.

3. 문과생들의 인식변화

최근 가장 두드러지는 지방대 몰락의 주요요인은 문과생들의 인식변화다. 지방대 몰락은 문과가 주도하고 있다고 해도 과언이 아니다. 인서울 문과도 현재 취업이 안 돼 모두가 전문직 시험이나 공무원 시험을 준비한다. 공부를 열심히 해서 인서울 대학교에 간 것이기 때문에 갑자기 방향을 틀어 기술을 배울 수도 없다. 자존심이 상하거나 지금까지 내가 배운 것들이 너무 아깝기 때문이다. 인서울 문과생들도 취업이 안 되는데 지방대 문과생들은 취업 시도조차 않는 사람들이 부지기수다.

문과생들은 불확실한 미래 앞에 더 이상 기다리고 있지 않다. 그렇다면? 선택해야 한다. 내가 내 선택에 책임을 지며 주도적인 삶을 살아야 한다.

첫째, 공부에 올인하는 것이다. 서울은 신림, 종각, 노량진에 고시 낭인들이 하나둘 모여들고 있다. 세무사, 회계사, 감정평가사, 변리사, 보험계리사, 노무사 등 전문직 시험에 목숨을 건다.

이과가 취업이 잘된다고 해서 돌연 적성에도 안 맞는, 한 번도 공부해본 적 없는 이과를 선택한다면 어떻게 될까? 괴로운 대학 생활이 시작된다. 학점관리뿐 아니라 본인이 전공에 대한 흥미를 잃어 이도 저도 안 되고 인생을 낭비하게 된다.

하지만 현명한 친구들은 지난 과거를 매몰 비용이라고 여기고, 새로운 길을 개척한다. 이렇게 살다가는 앞의 내 미래가 뻔히 보이기 때문이다. 길을 찾고 본인한테 맞는 기술을 배운다. 기술도 인맥이 있어야 배우는 시대다. 어떻게든 수소문하여 같이 일을 하고 그 일에 목숨을 건다. 그림을 그리거나, 콘텐츠 크리에이터를 하거나, 글을 쓰거나, 내가 좋아하고 돈이 되는 그 어떤 것도 하루빨리 시도해본다. 굶어 죽지 않기 위해.

둘째, 문과에 대한 직업을 진지하게 탐구하고 방향을 정한다. 문사철이라는 단어를 아는가? 문학, 역사, 철학을 아우르는 말이지만 최근에는 '문송합니다(문과여서 죄송합니다).'와 더불어 문과생들을 비하하는 말로 사용되고 있다. 회사는 이익을 창출하는 곳이다. 문학과 역사, 철학은 회사 업무를 실질적으로 하기 위한 획기적인 도움을 주는 학문은 아니다. 그나마 영업이나 재무, 회계와 같은 상경계열이다. 상경계열을 전공하지 않았거나 복수전공을 하지 않았다면 취업 시장에서 있어 경쟁력은 거의 없다.

하고 싶은 공부를 하러 대학에 왔는데 정작 취업이 되지 않고 돈을 벌어 먹고 살 수 없다면 학생들은 어떻게 할까? 애초에 문과를 가지 않는다. 문과를 애초에 가지 않고 다른 먹고살 궁리를 한다. 혹은 2번처럼 지난 과거를 잊고 새로운 인생을 시작한다.

애초에 대학 입장에서는 문과 직업에 관한 탐구가 전혀 이루어지지 않고 취업과는 동떨어진 학문에만 집중해 왔다. 학생으로서는 특히 문과생들은 '남들 다 가니까 경영학과를 가야지', '취업은 회계학과가 잘 된다는데 회계를 배워봐야지', '요즘은 아랍어랑 스페인어가 뜬다는데 이런 외국어를 애초에 전공 삼으면 취업에 유리하지 않을까?' 하고 큰 고민 없이 전공을 선택한다. 제대로 된 직업탐구도 이루어지지 않은 채 말이다.

뒤늦게 지방의 대학교들은 취업이 중요한 시대가 된 것을 인지하고 온갖 유리한 정보들로만 간추려 취업률을 조작해 학생들을 유치하려 애쓴다. 앞으로 수도권 쏠림 현상은 더 두드러질 것이다.

21살, 군대에 입대해서는 내 마음대로 할 수 있는 것이 아무것도 없었다. 단체생활의 불편함도, 갇혀있는 자유를 속박당한 느낌도, 그때 처음 느꼈다. 그것이 얼마나 고통스러운지도. 왜 죄를 지은 사람들을 교도소에 가두는지 그때 알았다. 자유를 뺏는다는 것은 인간의 가장 중요하고 존엄한 권리를 뺏는 것이다.

21세 이등병 때 아버지가 돌아가셨다는 비보를 들었다. 나 하나만 보고 살던 사람을 잃는 슬픔은 하늘이 무너지는 느낌을 받는다. 실제로 심장이 물리적으로 아픈 느낌을 그때 받았다.

부대에 복귀하자마자 관심병사가 되어 있었다. 누가 봐도 아버지가 갑자기 돌아가셨기에 얘가 자살이라도 할까 싶었나 보다. 365일 24시간을 감시당했다. 내가 눈을 감고 자는 모습도 누군가 나를 지켜보고 있었다. 새벽에 일어나서 물을 마시러 가려고 하면 늘 한 명이 붙어 같이 가야 했다. 화장실 변기에서도 1분에 한 번씩 노크해서 내 생사를 알려야 했다. 평생 단 한 번밖에 하지 못하는 경험을 그때 했다.

밤이면 맨날 뒤에 불려가 맞았다. 아빠가 돌아가신 게 대수냐고 선임들이 손가락질하며 나를 때렸다. 중대장은 내가 맞는 것을 알면서 이 사실을 숨겼다. 이 사실을 숨기고 대대장에게 이 사실을 알리지 않았다. 혹여나 대대장이 볼까 봐 아침점호시간에 나를 연병장으로 나오지 못하게 했다. 입술이 불어 터져 나는 아침도 먹지 못하고 모두 연병장으로 점호를 나간 혼자 생활관 안을 지켜야 했다.

이 시기는 언제쯤 지나갈까? 지나가기는 할까? 초병근무를 서는 밤마다 총을 어깨에 메고 생각했다. 과연 내 인생에는 언제쯤 좋은 날이 올까? 그 누가 나를 지켜줄까? 나는 잘하는 것이 뭘까? 아무도 나를 안 좋아하고, 능력 없고, 보잘것없으니 나는 맨날 맞고만 있고 늘 혼자인 게 아닌가.

누군가 한 명이라도 나를 구원해주거나, 단 한 번이라도 기회를 주었으면 좋겠다는 생각을 그때 처음 했다.

'지금 이 순간도 내가 언젠가 웃으며 이런 날도 있었지, 하며 볼 날이 분명히 올 거야. 그때의 내가 열심히 잘 견뎌줘서 고맙다고 말할 수 있도록 조금만 더 견뎌보자.'

– 12.12.31. 한 해의 마지막 달을 보며 근무 중 04:31

군대에서 가장 힘들 때 적었던 내 메모장에 적혀 있는 글귀다. 아찔한 나날들이었다. 그때의 일이 대견해서였을까? 전역 후, 나는 점점 나태해져 갔다. 관심 있다는 핑계 아래보다 쉬운 길을 선택해왔다. 수학이 어려워 문과를 선택했고, 대학도 상경계열에 갈 수 있었지만 어문계열을 선택했다. 교양수업도 학점 받기 쉬운 것만 골라서 들었다. 전문직은 공부머리도 없거니와 몇 년이라는 시간을 투자하면서까지 그 어려운 길을 택하고 싶지 않았다. 주변에서 공부하는 친구들을 보면 당시 대단하면서도 '왜 사서 고생을 하는 거지'라며 오히려 내 선택과 결정이 옳다고 믿었다.

나이가 30대 초중반에 들어서자 놀라운 일이 벌어지고 있다. 내가 그때 이해하지 못했던 힘든 시간을 견뎌낸 친구들은 어느새 지금 의사, 약사, 세무사 등 원하는 꿈을 하나둘 이루어 갔고, 삶의 격차는 나날이 벌어져 갔다. 비단 전문직뿐만 아니다. 본인을 바꾸려는 노력조차 하지 않으면서 '우리 회사는 왜 뉴스 1면에 나오는 SK, S-oil, 삼성처럼 성과급 1,500%, 2,000% 안 나오는 거야.'라고 생각하는 사람들이 많다. 저길 들어가고자 노력이라도 해보았는가?

나는 지금 무엇을 할 수 있나? 내가 좋아하는 것, 내가 지금 할 수 있는 것, 내가 해야 하는 것 중 모든 걸 택할 수는 없다. 의무적으로 내가 '해야 하는 것'을 제외하고, 내가 지금 '할 수 있는 것'부터 하는 것이 지금 현재의 나를 바꾸는 가장 쉬운 방법이다.

군대에서 적은 저 글귀처럼 어떻게든 현실을 이겨내고, 견디고, 더 나은 내일을 살기 위한 노력은 없어진 지 오래다. 가장 내 인생을 열정적으로 살았던 순간이 아닐까 한다. 전역하고 10년이 지나 내가 가진 생각도 이등병 때 보다 살이 10킬로나 찐 내 몸처럼 둔해지고 있다. 관성적으로 늘 편한 모습만 좇았던 삶을 반성한다.

남은 올해도 시행착오가 참 많을 것이다. 내 뜻대로 안 되는 것도 많을 거고, 관계에서의 상처, 일에서의 스트레스, 내 주변을 둘러싸고 있는 많은 것에서 아픔을 받을 것이다.

하지만 그 과정에서 우리는 놓지 않을 것이고, 내가 하고자 하는 것들을 꾸준히 이루어 갈 것이다.

나아지고 싶다면, 배웠다면 이젠 그 배움으로 꿈을 찾는 것이다. 나는 무엇을 하고 싶나? 어떤 인생을 살고 싶나? 딱 하나만 열정을 가지고 무언가 시도해 보자. 조금이라도 관심 있는 것은 다 찾아다녔다. 친구들과 안 하던 축구도 해보고, 피시방도 다녀보고, 베트남 여행도 갔다. 무언가 새로운 것을 보면 하고 싶은 것도 생기지 않을까? 하는 생각이었다.

그러던 중 스페인 여행기 책을 우연히 읽게 된다. 그때 스페인어로 적힌 글귀가 너무 오래 기억에 남았다. 재밌어 보였다. 스페인어의 매력에 이때 처음 빠지게 된다. 무언가 내가 진짜 시켜서 하는 게 아니라 주체적으로 배워보고 싶다는 생각을 그때 처음 했다. 무언가 열정적으로 내가 빠져들 수 있는 것이 있다는 것은 삶의 큰 원동력을 준다. 그것이 합법적이고, 남에게 손해를 끼치지 않는 것이라면. 삶의 질을 높이고 성취감을 느끼게 한다.

이 시기는 내가 조금이라도 남들보다 잘하거나, 그것이 아니라도 조금이라도 남들보다 내가 관심 있는 것을 찾는 것이 중요하다. 그게 아니라면 공부라도 열심히 해야 한다.

찾았다면 마지막으로 해야 할 것은 그것을 실행에 옮기는 것이다. 생각만 백날 하고 실천하지 않는다면 삶은 달라지지 않는다. 적극적인 시도와 수많은 실패를 통해 나를 알아가는 것이고, 자기객관화가 되는 것이다. 딱 이때에만 실패해도 사회는 용인해주며, 아낌없는 박수와 응원을 해준다.

나는 그렇게 그 다음 학기에 멕시코로 떠났다. 그 누구도 쳐다보지 않는 지방대에서 나는 멕시코에 갈 기회를 얻었다. 대단하지도 않고, 공부도 못하는 평범한 학생이 뒤도 안 돌아보는 용기 하나만으로 멕시코라는 새로운 땅에 발을 들이게 된 것이다.

멕시코에 도착한 첫날, 그 충격을 아직도 잊지 못한다. 공항에서부터 얼버무리는 스페인어를 듣고 택시기사는 나를 걸어 다니는 돈으로 생각했을 것이다. 멕시칸들에게 아시아인은 실제로 그런 이미지다. 원래 인터넷으로 보고 갔던 금액의 정확히 2배가 나왔다.

호스텔에 묵으며 묵을 집을 찾아다녔다. 전봇대에 붙어 있는 집 번호로 수차례 전화 끝에 내가 다니고 싶은 학교 앞 괜찮은 2층 주택을 구했다. 집주인 친구는 정장을 차려입고 머리에 왁스를 바른 멀끔한 모습으로 나를 응대했다. 혹여나 사기를 당할까 봐 두려워하는 나에게 이 친구는 돈을 뽑으러 가는 순간까지도 함께 가주며 나를 안심시켰다. 법적 효력도 하나도 없을 영수증을 달라고 하는 나에게 웃으며 영수증도 사인과 함께 주며 그때부터 내 멕시코 생활이 시작되었다. 이 친구는 지금도 나에게 있어서는 둘도 없는 친구다.

대부분 교환학생이 그렇듯이 기숙사에 살지 않고 직접 집을 구해 로컬집에서 살아간다는 것은 큰 장점이 있다. 우선 첫 번째로 일취월장하는 언어 실력이다. 누군가가 그랬다. 진짜 내가 외국어 실력이 늘었다는 것을 확인하기 위해서는 그 외국어로 꿈을 꾸면 된다고. 이 집에서 같이 지내며 이 친구와 동고동락하며 스페인어로 꿈을 많이 꾸었다. 실제로 내가 같이 살려면 말을 해야 소통이 되기 때문에 더 찾아보게 되고, 배운 단어를 까먹지 않게 된다. 두 번째로는 진짜 그 나라 사람들이 사는 문화를 가장 가까이서 배울 수 있다는 것이다. 멕시코는 집으로 초대해서 파티를 즐기는 문화다. 나는 룸메이트가 금요일이나 토요일 밤에 자꾸 친구들을 집에 초대해 나를 너무 힘들게 했다. 밤마다 너무 시끄러워서 잠을 자지 못했다. 룸메이트와 치고받고 싸운 적도 허다하다.

생활방식은 또 어떤가? 설거지는 거의 하지 않고 매사에 귀찮아한다. 밤만 되면 한없이 위험한 곳이기에 집주인은 늘 밤마다 소파를 없애고 거실에 본인의 차를 주차하기 일쑤였다. 우리는 이에 불만을 가져 대책회의를 한 적도 여러 번이다.

물론 좋은 점도 많다. 한국인들은 인생에 늘 쫓겨 산다. 남들에게 뒤처지거나 도태 될까 봐 늘 노심초사하고, 주위 사람들과 비교하고, 내가 잘 살고 있는지 늘 평가받고 싶어 한다. 하루라도 무엇을 안 하고 쉰다는 것은 용납되지 않는다. 한정된 자원 아래 늘 경쟁에서 이긴 자만이 부를 가질 수 있었기에 그 문화가 그대로 내려온 것이다.

하지만 멕시코는 다르다. 사람들이 여유를 가지고 있다. 인생이 건조하지 않고 늘 활기차며, 하루하루를 여유 있게 즐길 줄 안다. 어쩌면 이런 습관이 인생에서 가장 소중히 우리가 지키는 것이기도 하다. 누구를 위해 그렇게 하루 10시간씩 회사에서 몸 바쳐 일하고, 퇴근 후 자기 바쁘고, 도대체 누굴 위해서 돈을 버는 것인가에 대해 생각하게 된다. 주말은 이 돈을 쓸 힘조차 안 생긴다. 왜냐하면 주중에 받은 스트레스로 심신이 지쳐 무언가 할 힘이 없기 때문이다.

멕시코에서 놀기만 한 것은 아니다. 스페인어 자격증 시험을 틈틈이 준비했고, 멕시코에서 2년 내내 준비한 스페인어 시험에 떨어졌다. 그렇게 슬플 수가 없었다. 멕시코에서 특유의 한국인답게 무언가 결과물을 가져가야만 한다고 여겼던 나는 시험에 떨어진 순간 내가 준비하고 노력했던 모든 것이 한순간에 무너지는 느낌을 받았다. 멕시코 교환학생을 갔다 왔는데 그 누구도 나를 인정해주지 않을 것만 같았고 내가 언어에 능력이 없다고만 생각했다.

그런데 내 멕시코 내 룸메이트들은 약속이나 한 듯 하나같이 이렇게 말했다. "그깟 시험에 떨어진 것 가지고 그럴 거면 넌 아무것도 못 해."
"다음에 또 보면 되지 도대체 왜 슬퍼하는 거야? 경험만큼 중요한 것은 없어, 이번에 경험했으니까 다음에 붙겠지."
"네가 시험에 그냥 떨어진 거지, 낭떠러지에 떨어진 게 아니잖아, 팔다리가 잘린 게 아니잖아."

이렇게 말하는 것이 아닌가. 그때 머리를 한 대 얻어맞은 기분이었다. 나 또한 어느 정도 낙천적인 성격이라 믿고 인생을 살아왔는데 중남미 특유의 긍정적인 마인드셋이 너무 부러웠고 본받아야겠다는 생각이 들었다.

말의 힘은 이토록 대단하고 무서운 것이다. 나는 이듬해 2년째 되던 해, 스페인어 시험에 당당히 합격했다.

진짜 끝까지 해봤어?

멕시코에서 한국 귀국 7일 전이었다. 송별회가 한창이었다. 언젠가 다시 이곳에 오게 될지 미래는 아무도 모르지만, 취업도 해야 하고, 공부도 해야 하고, 가까운 미래는 아닐 거라는 확신이 들었기에 더 슬펐다. "또 올게."라는 인사를 차마 하지 못했다.

그날도 어김없이 친구들과 클럽에서 술을 마시고 있었다. 1시간가량 지났을까?

친구들이 보이지 않았다. 나는 4명의 친구와 같이 차를 타고 왔는데 날 제외하고 4명이 전부 보이지 않았다. 하필 그날은 내가 핸드폰을 들고 오지도 않았던 날이었다. 술도 거하게 마셨겠다, 친구들이 내가 벌써 집에 간 줄 착각하고 먼저 집에 갔다고 생각했다.

그렇게 나도 혼자서 더 놀다가 택시를 타려고 서성였다. 그러자 클럽 앞 택시기사가 갑자기 나를 멈춰 세우더니 50페소(2400원 정도)에 나를 집까지 데려다준다는 것이다. 클럽에서 우리 집까지 그 당시 시간과 거리로 계산해 보았을 때 최소 150페소(9,000원~10,000원) 정도의 비용이 발생한다. 그때 당연히 의심하고, 다른 택시를 불러 타야 했다. 그 당시는 멕시코에 우버가 상용화되지 않은 시기였기에 콜택시라도 불러 안전하게 집으로 가야 했지만 술을 마셔 판단능력이 흐려지면서 새벽 2시에 혼자 택시를 탔다.

원래 멕시코에서는 밤 7시가 넘으면 혼자 택시를 타면 안 된다. 남녀노소 정말 그 어떤 일이 발생할지 아무도 모르기 때문에 항상 누군가와 함께 가는 것이 바람직하다.

믿었던 택시기사는 내가 말했던 목적지 방향으로 아주 잘 달리고 있었다. 신호가 멈췄을 때 자꾸 누군가와 메신저를 주고받는 것이 다소 의심스러웠지만 아무렇지 않게 여기고 잠깐 잠이 들었다. 10분 정도 지났을까? 불길한 예감이 들어 잠에서 깼다. 내가 처음 보는 곳으로 택시는 전속력으로 달리고 있었다.

나는 택시기사한테 물었다.

"왜 이쪽으로 가? 우리 집은 저쪽이야, 저쪽으로 차 돌려줘."

"지금 저쪽으로 가면 차가 너무 막혀서 이쪽으로 가는 거야."

이렇게 대답하는 것이 아닌가. 그때는 새벽 2시가 지난 시점이었고, 차가 막힐 수가 없다. 그때부터 뭔가 수상했다. 차는 점점 어두운 곳으로 가더니 갑자기 택시기사가 차를 세우는 것이 아닌가. 뭔가 잘못됐다고 그때 느꼈다. 나는 조수석에 앉았는데 뒤에서 갑자기 세 명이 타는 것이다. 뒤에 탄 사람 중 한 명이 식칼을 내 목에 들고 조용히 내 귓가에 스페인어로 말했다.

"움직이지 않으면 살려주겠다."

목에 칼의 뾰족한 감촉이 들어온 적이 있는가? 취기가 갑자기 사라지고 오줌을 쌀 것만 같은 공포가 한순간에 나를 덮쳤다.

"지금 가지고 있는 것 하나도 빠짐없이 전부 다 꺼내."

나는 너무 무서웠고 긴장했으나, 최대한 차분해지려고 노력했다.

"움직이지 말라면서 어떻게 꺼내냐."

그러자 택시강도들이 나를 때리며 억지로 주머니를 뒤졌다.

"핸드폰 없어?"

"응 없어, 오늘 깜빡하고 안 들고 왔어."

거짓말하지 말라며 또 맞았다. 볼이 얼얼했다. 다행히 칼로 찌르지는 않아서 다행이었다.

시계, 반지, 안경, 지갑, 구두까지 내 모든 것을 가져갔다. 담배 2개비밖에 남지 않은 담뱃갑마저 가져갔으니 짐작이 갈 것이다. 물건을 다 챙기고 택시기사를 포함한 네 명은 나를 트렁크에 태우려 했다. 아무래도 납치를 해서 나에게 거금을 뜯어낼 수작이었다. 나는 조수석에 앉아 있었기 때문에 트렁크로 가려면 일단 차에서 내려야 했다. 그 짧은 순간에 침착하게 흥분을 가라앉히고 정말 많은 생각을 했다. 나에겐 한 5초 정도의 시간이 있었던 거로 기억한다.

차에서 만약 내려서 트렁크로 갈 때가 내가 생각했을 때 도망칠 수 있는 인생의 마지막 기회라고 생각했다. 내가 트렁크에 갇히는 순간 나는 그냥 쥐도 새도 모르게 죽어도 아무도 눈치를 못 챌 것이다. 심지어 여기는 한국도 아닌 멕시코다. 목을 잘라 신호등에 걸어두는 카르텔이 있는 국가다. 얘네들이 못 할 짓은 없다.

나는 차에서 내리자마자 강도들의 팔을 뿌리치고 무작정 빛을 향해 반대쪽으로 달렸다. 이미 구두도 뺏긴 판국에 맨발로 뛰는 것이 오히려 더 빨랐다. 15초 정도 전력 질주를 했다. 처음 한 5초는 뒤에서 나를 따라오는가 싶더니, 이내 강도들은 포기하고 차를 타고 도주했다.

빛을 향해 뛰다 보니 한 편의점이 보였다. 멕시코에서는 편의점 앞에 야간 시간이 되면 Guardia라고 하여, 경찰관(우리나라로 치면 경비관 정도 되겠다)이 항상 서 있다. 혹시 모를 도난사건을 대비한 것이다. 나는 그 경비관에게 도움을 청해서 무사히 집으로 돌아올 수 있었다.

이 일을 겪고 난 뒤로 내 삶에는 큰 변화가 찾아왔다. 인생의 가장 큰 변곡점이라고 생각한다. 지금은 오히려 죽을 뻔한 이 일을 겪은 것이 다행이라고 여긴다.

사람들이 흔히 칭하는 성공한 사람을 보면 순탄한 인생을 살며 그 자리까지 간 사람은 단언컨대 5%도 안 될 것이다. 물려받은 재산이 많거나, 정말 운이 좋거나 둘 중 하나다. 대부분이 수도 없이 많은 실패와 좌절을 겪고 나서야 그 경험치가 쌓여 그 자리까지 본인만의 노하우를 취득해 올라간 것이다.

'빌딩을 올린 자는 4~5번 죽을 고비를 넘겼다.'라는 말이 있다.

빌딩을 올리는 만큼의 자산을 가질 때까지 죽을 고비를 넘기며 독하게 살아왔다는 뜻이다. 여기서 우리는 한 가지 의문을 품게 된다.

주말이 되면 광화문—시청까지 수많은 인파가 모여 시위를 하며 늘 북적인다. 본인의 소중한 시간을 쓰면서까지 시위에 열정적인 이유는 시위함으로써 대한민국 혹은, 지금 사는 세상을 나의 의지대로 바꿔보려는 능동적인 행위임에는 분명하다. 하지만 정작 정치와 종교에는 진심인 우리는 왜 나 자신에게는 그토록 관대한 걸까? 진짜 죽을 만큼 각오로 내 일에 도전해 보았냐는 것이다. 앞에 빌딩을 올린 사람은 본인의 일에 죽을 각오로 접근했기 때문에 지금의 자산을 만들 수 있었다. 나는 내 일에 100% 모든 열정을 다해 시도했는가? 절대 아닐 것이다.

나는 멕시코에서 목에 칼이 들어올 정도의 섬뜩한 순간을 겪고 나서 당시 처음으로 이런 생각이 들었다.

'진짜 잘하면 죽을 수도 있겠구나.'

그때 이후로 나는 다시 태어났다. 아니, 이미 죽었는데 새로운 생명을 얻은 느낌이었다. 매 순간순간을 내가 지금 하는 업에 있어 진심으로 죽을만큼의 노력을 해봐야겠다는 생각을 했다. 낭떠러지 앞의 절박함을 생각한다. '이것이 아니면 나는 죽는다.'는 마음가짐으로 매사에 임한다면 못해낼 일은 없다.

이 일을 겪고 느낀 것은 과정보다는 결과가 실제로는 훨씬 중요하다는 것이다. 많은 사람은 기대하고 바랐던 결과가 나오지 않았을 때 결과에 수긍하면서도 노력했던 과정을 어필한다. 그 과정 자체도 의미 있는 도전이었다고 생각하며 자기 위로를 한다. 과정도 물론 중요하다. 목표를 이뤄가는 그 순간순간의 실패에 따른 시행착오와 깨달음을 얻을 수 있기 때문이다.

하지만 우리가 간과하고 있는 것이 있다. 과정에는 사람들에게 칭찬과 격려를 받을 수 있을지언정 정작 '보상'은 존재하지 않는다. 우리는 일터에 월요일부터 금요일까지 왜 가는가? 내가 맡은 업무의 과정 순간순간의 커리어패스를 쌓고 배우기 위해 매일 험난한 출근길을 견디는 걸까? 아니다. 일을 배우는 것도 중요하지만 무엇보다 돈을 벌기 위해, 가정을 책임지기 위해 일터에 가는 것이다. 남들이 쉬쉬하지만 명백한 우리 모두의 목적은 돈 즉, 보상이다. 이것이 가장 중요하다.

빌딩을 올린 건물주가 지금의 자산을 일구지 않았다면, 지금은 매우 가난한 처지에 놓여 있다면 죽을 고비를 몇 번을 넘기던 지금 사람들이 관심을 가질까? 절대 아니다.

우리는 과정을 얘기하기 전에 항상 결과를 당당하게 얘기를 하고 행동에 옮겨야 한다는 생각을 한다. 대한민국 사람들은 본인의 얘기를 할 때 그것이 돈이나 실질적인 내 이익을 취하는 목표라는 것이 상대방이 아는 것을 굉장히 두려워하고 부끄러워해 말을 빙빙 돌린다. 이로써 과정으로 이야기의 초점이 맞추어지는 오류를 범하는 것이다. 결과가 있어야 보상이 있다.

신발에 돌멩이 작은 것 하나만 있어도 걷는데 발이 아프다. 결국은 결론이고 결과다. 돌멩이가 결국은 하나도 빠짐없이 제거되어야 우리가 걷는 데 아프지 않다. 최종적으로 더 나은 결과, 더 나은 미래를 위해서 우리는 과정을 돌봐야 한다는 생각을 한다.

최고의 결과를 위해 너는 끝까지 무언가 해봤어?

반복되는 일상에서 벗어나라

여행을 가자! 여행은 내 숨겨진 잠재성을 찾게 한다.

인생은 여행이다. 여행을 가야 세상이 보인다. 여행은 뜻대로 되는 것
이 없다. 계획을 철저히 세워 설령 간다고 해도 계획대로 되지 않는 것이
여행이다. 그래서 더 재밌다. 스무 살 때 이탈리아 여행 도중 핸드폰을
소매치기 당했을 때를 내가 무슨 출발 전에 예상이나 했겠는가? 멕시코
귀국 일주일 전 택시강도를 당할 것이라고 누가 생각이나 했겠는가? 그
과정에서 임기응변을 배우고, 예측하지 못한 상황에서 스스로 도움 없이
문제를 해결하며 몸으로 부딪히며 성장하는 것이다. 새로운 것을 보면서
새로운 통찰력을 얻을 수도 있다.

최근에 만난 형은 살면서 한 번도 해외여행을 가지 못했다. 이번에 결
혼하면서 처음으로 신혼여행으로 유럽을 간다고 했다. 친구들 사이에서
는 '전설의 포켓몬'으로 불린다. 여태껏 살면서 바빠 여행을 갈 시간과 여
유가 없었다고 한다. 돈을 열심히 모아 수중에는 현금이 2억이 넘고 어느

정도 안정된 직장과 자산을 일군 형이지만 인생의 풍요로움과 내 세계에 갇힌 느낌은 피할 수 없다고 했다.

나이가 들면 저절로 새로운 것과 도전을 꺼리게 되고 늘 내게 익숙한 것, 편한 것만 찾게 된다. 형은 어릴 적 여행을 하지 못해 앞으로는 더 새로운 것을 생각하고 받아들일 기회가 없을지도 모른다.

전적으로 동의한다. 여행은 리프레쉬 차원에서 갈 수 있지만 그사이에서의 추억, 더 넓은 세상에서 내가 얼마나 작고 미미한 존재였는지 그리고 그 순간 나에게 어떤 다짐을 주는지는 정말 돈으로 환산할 수 없는 황홀함과 내면적인 쾌락을 선사한다.

2019년, 바라고 바라던 미국 그랜드캐니언에 갔다. 늘 사진으로만 바라보던 풍경을 라스베이거스에서 차로 5시간이나 걸쳐 드디어 내 눈으로 직접 담았다. 사진은 이 한 장 말고는 거의 찍지 않았다. 왜냐하면, 어차피 사진으로 풍경이 다 담기지 않기 때문이다. 모든 건 눈으로 담아야 기억에 더 오래 남는다.

핸드폰으로 찍은 그랜드캐니언의 일부

말로 형용할 수 없는 벅참이 끌어 올랐다. 지구에서 정말 점 하나의 작은 소국에서 평생을 살아온 나였기에 더 그런 것 같다. 이 무모한 스케일이 내게 주는 끔찍한 감동을 평생 잊지 못할 것이다. 특히 여행은 배낭하나 메고 오는 것이기에 한국에서의 내 지위, 자산, 명예, 가족 모든 것을 내려놓고 '아무것도 없는 사람'으로써 내 본연의 모습을 볼 수 있고, 여기서 나 자신을 예측하지 못한 상황에 빠트려 나도 모르는 나의 모습을 통제하는 법을 배운다. 일상에서는 매 순간 똑같은 사람과 똑같은 일을 하고, 하는 행동이 한정적이기에 절대 찾을 수 없다.

오직 여행을 통해서 나에 대해 더 자세히 알고 그것을 발전시킬 수 있다. 그리고 그것이 더 나은 미래를 계획하는 발판이 된다. 나에게 기존에 없었던 것 결핍된 무언가, 즉 나의 숨겨진 잠재성을 꺼낼 수 있는 것은 오로지 여행뿐이다.

미국에서의 마지막 인턴을 끝나고 여행을 했다. 내가 경험한 미국 인턴십은 인턴이 끝나고 최장 한 달간 미국에서 여행하며 머무를 수 있었기 때문에 평소 가고 싶던 곳에 돈을 아끼고 모아 여행 경로를 짰다.
혼자 하는 여행은 처음이었기에 나와의 대화를 많이 하고, 나 자신을 알아갈 좋은 기회라 여겼다. 게스트하우스에서 하루씩 숙박하며 정말 다양한 사람을 만났다. 보스턴에서는 우중충한 날씨 앞에 카페에서 노트를 들고 다니며 인생계획을 적었다. 20대인 내가 앞으로 무엇을 할 수 있을지의 가능성에 대해서는 무궁무진하다는 것을 알고 있었다. 다만 내가 미래에 무엇에 조금 더 가치를 두고 싶은지, 나는 무엇을 할 때 조금 더 행복한지를 많이 고민했다. 카페에서 마인드맵을 그려보았다. 늘 뉴욕 골방에 누워 있다가 새로운 도시에서 새로운 사람들을 보니 아이디어가 많이 샘솟는다. 이래서 사람들이 여행을 가나 보다.

나는 무엇을 좋아하지? 무역이 좋아서 스페인어를 배웠고, 영어를 배웠다. 근데 무역업에 종사하고 있다는 것은 내가 무역을 진짜 '좋아한다.'라고는 보기 힘들다. 돈을 벌기 위해 그나마 내가 관심이 있고 잘할 수 있는 방향으로 나를 끼워 맞춘 것이다.

나는 느꼈다. 나는 사람들과 말하는 것, 나를 알리는 것을 좋아한다. 무역도 사람을 상대하는 업종이기에 사람을 대해야 한다. 지금 당장은 힘들지라도 가까운 미래에 나는 꼭 이 일에 종사하게 될 것이라는 확신이 그때 생겼다. 분출해야 하는 사람은 늘 분출해야 한다.

보스턴에서의 카페 투어가 끝나고 워싱턴 DC에 갔다. 워싱턴 DC에서는 기록적인 추위 속에서 길거리에 노부부가 서로의 목도리를 고쳐 매주는 장면을 보았다.

—
서로를 챙기는 영하 15도의 노부부

사진으로 담지 않을 수가 없었다. 나의 연애에 대해서 생각해본다. 1년 전 미국에 처음 왔을 때 공항에서 나를 영원히 기다려 줄 것만 같은 여자 친구는 나를 떠났다. 그 누구의 잘못도 아니다. 사랑은 타이밍이 많은 부분을 차지한다. 서로의 상황에 따라 가치관도 바뀌고, 남을 신경 쓸 여유도 생기고, 내가 편해야 상대방도 보이는 법이다. 직업적으로 자리를 잡은 상황도 아니고, 늘 불안정한 젊음 속에서 심지어 태평양을 건너야만 하는 그 먼 거리에서 1년이 넘는 긴 시간 동안 관계가 유지되기는 쉽지 않다.

내가 어떤 상황에 부닥치든, 미래에 무엇을 하든 내 곁에 있어 줄 수 있는 그런 여자를 만나고 싶다는 생각을 처음 했다.

여행은 이처럼 평소에 가지고 있지 않던 새로운 생각과 마음의 여유를 내게 준다. 자신을 스스로 조금이라도 돌아보고 싶다면 여행하라. 남에게 조언을 구하지 않고도 내가 내 인생의 나아가야 할 방향을 스스로 정할 수 있다.

게스트하우스를 전전하면서, 미국에서 카우치를 공짜로 공유하는 카우치 서핑이라는 앱을 받아 초면인 미국 친구 집에서 잠을 청하면서 느낀 것은 누군가를 돕는 것이 큰 의미가 있다는 것이다. 인종 국가 상관없이 서로가 배고픈 여행객인 것을 알기에 서로 나누어주며, 사진을 찍고, 다시는 못 볼 사이인 것을 알면서도 그렇게 미래를 응원했다.

지금 생각하면 다소 무섭고, 발길이 떨어지지 않지만, 당시의 20대인 나는 패기가 넘쳐 카우치 서핑 앱을 자주 사용했다. 그저 공짜로 재워주는 친구가 나타나면 어떻게든 연락해서 하루를 공짜로 묵었다. 카우치 서핑은 영어 그대로 본인의 카우치(거실의 소파)를 하루 빌려주는 것이다. 돈을 받지 않고 여행객에게 본인 집의 소파를 제공하여 집주인은 새로운 사람과 이야기하고, 새로운 추억을 만듦으로써 가치가 있다. 혼자

온 여행객에게는 여행의 추억은 물론이거니와 숙소비를 아낄 수 있다.

한번은 샌프란시스코에서 카우치 서핑을 했다. 그 친구는 스탠퍼드 대학교에 다니는 명문대학교 학생이었다. 샌프란시스코는 미국에서, 아니 전 세계에서 집값이 제일 비싸기로 유명한데 단칸방과 같은 곳이 한 달에 250만 원이 넘는다. 그 친구는 전체 우리나라로 치면 32평 되는 곳을 빌려서 아주 호화롭게 지내고 있었다. 내가 그 친구 집에 가서 충격 받은 것은 본인이 부족함 없이 자랐다는 사실을 알면서도 단 한 번도 물질적인 풍요로움에 행복해본 적이 없다는 것이었다. 카우치 서핑을 하는 이유도 남을 돕는 것이 인생에 의미가 있다고 생각하고 그것이 곧 행복이라고 했다. 나는 여기서 1차 충격을 받았다. 왜 남을 돕는 것이 의미가 있지? 나는 이때까지 나 자신을 드러내고 알리는 것에만 초점을 맞추며 살아왔고, 어떻게 하면 내가 더 잘살고 있는지 남이랑 비교하며 살았는데 왜 나도 없는 마당에 남을 돕는 것이 의미가 있냐고 물어보았다.

그러자 그 친구는 내가 지금 누구를 도움으로써 언젠가 내가 힘들고 지칠 때 도움을 받을 수 있다고 믿는다고 한다. 그때부터였다. 나는 나를 드러내는 그것뿐만 아니라 내가 가진 역량으로 누군가 돕고 싶다는 생각을 그때 처음 했다.

이처럼 여행을 하면 내 가치관이 정립되고, 실천으로 옮기게 된다. 더 넓은 세상과 사람들 속에서 내가 얼마나 작고 편협한 존재였는지를 알게 된다. 생각지도 못한 장소에서 생각지도 못한 사람들을 만나고, 거기서 깨닫는다. 아무것도 정해지지 않은 미래 속 불안보다 자신의 삶을 개척하는 것이 더 중요하다는 것을.

이 시기를 여행하며 나는 미국에서의 1년 반보다 더 많은 것을 얻었다. 어쩌면 처절하게 외로웠던 시간이었지만 자신에게 질문하고 스스로 답하고, 오로지 나 자신과 더 친해지는 이 시간이 있었기에 지금의 내가 있다. 글을 쓰고, 조금이라도 세상에 긍정적인 영향을 끼치기 위해 몸부림치는 내가 있다. 단 한 번도 과거의 나는 이런 내 모습을 기대하지 않았다. 여행은 이렇게 나 자신도 놀랄 나를 만든다.

사실 여행이 의미 있는 이유는 돌아갈 곳이 있기 때문이다. 돌아갈 곳이 있다는 사실에 그저 감사했고 안도했다. 한정된 시간 내 색다른 공간에서의 오랜 친구들과 나누는 대화는 현재를 추억하고 삶의 또 다른 동력을 불어넣는다.

오션뷰 고층 고급 빌라에 사는 연예인들이 나는 부럽지 않다. 바다 전망도 하루 이틀이지, 1년 내내 오션뷰만 보면 아무런 감흥이 없다. 제한된 시간 내 즐길 수 있는 이 풍경과 사람이기에 더 아름답고 그 자체로 의미 있는 것이다.

반대로 술자리를 생각해보자. 신분증 나이로 20세가 되자마자 술집에 들어가 술을 진탕 마시고, 친구들과 밤새워 놀던 때가 있었다. 한순간이었다. 그 친구들은 지금 어디서 뭐 하고 있는지도 모르고, 있다 해도 하나둘 결혼을 하고 가정이 생기면서 사라져 간다. 지금은 남은 사람도 많이 없다.

하지만 여행은 다르다. 2015년 베트남에 갔던 친구들은 아직 그대로 있고, 사촌 동생과 명절에 만나면 함께했던 태국여행을 함께 추억한다. 5년 만에 연락이 닿은 친구와의 얘깃거리는 함께했던 홍콩여행이다. 멕시코 출장 때 내가 살았던 멕시코 집에도 혼자 가보았다. 세월이 흘러도 변하지 않는 것들이 있다. 이런 향수가 너무 좋다.

여행은 이토록 오래 기억에 남는다. 지금을 더 풍족하고 가치 있게 해주며, 이 추억 덕분에 앞으로의 인생을 살아갈 또 다른 힘을 준다.

그렇다면 단지 이런 추억 때문에 어른들은 학생 때, 조금이라도 더 어릴 때 여행을 가라고 하는 걸까? 그때가 아니면 시간이 없어서? 우물 안 개구리라서? 모두 맞는 말이다. 하지만 가장 중요한 것은 '경험이 주는 무한한 가치'이다.

나는 미국에 있을 때 아주 영세한 현지 물류 업체에서 일했다. 모든 환경이 영어로 이루어진다는 장점 말고는 모든 게 부분이 불만투성이였다. 영업하고 있지만, 괜히 하찮은 일을 하는 것 같고, 인스타그램을 보면 친구들은 결혼하고, 멋진 차를 뽑고, 대기업 사원증을 걸고 하루하루 발전하는 모습들을 볼 때면 내가 뒤처지고 있다는 생각이 들었다. 말도 잘 안 통하는 타지 이방인이 어디 마음 둘 데도 없고, 늘 무언가 놓치고 살고 있다는 생각이 들었다. 지금 돌아보면 그 당시 27살의 나는 내가 가장 현명하고, 값진 인생을 살고 있었던 것을 왜 그땐 몰랐을까? 미국에서 영어로 영업해 본 경험은 앞으로도 못할 경험이고, 발로 뛰며 영업을 한 대가로 다양한 고객의 삶의 태도를 엿봤다. 많은 것을 배우며 지냈다.

여행을 오면 또 한편으로 느끼는 것은 여행이 새로운 시작과 결정을 하는 데 있어 큰 영향을 준다는 것이다. 공간이 바뀌니 인사이트의 질도 바뀐다. 늘 익숙한 것만 원하는 뇌에서 받아들이는 인풋이 달라지기 때문이다. '유레카!'를 외친 아르키메데스도 목욕탕에 가서야 황금의 밀도를 계산하는 법을 발견하지 않았던가.

쿠바를 여행할 때의 일이다. 함께 여행했던 친구와 하바나 해변에서 함께 석양을 보고 있었는데 친구가 돌연 경찰 공무원을 준비하겠다고 선언했다. 갑자기 이게 웬 뚱딴지같은 소리냐고 생각할 수 있지만, 이번 여행을 하며 미래에 하고 싶은 것을 생각하는 도중 결정을 내렸다고 한다. 비록 지금은 다른 일을 하고 있지만 실제로 친구는 시험에 3번이나 도전했다.

함께 여행하며 소방공무원 결과를 기다리는 또 다른 친구는 노천탕에서 문득 바리스타 자격증을 공부해 보겠다고 한다. 본인이 좋아하는 것을 시도하는 용기 자체에 큰 응원을 보냈다.

이처럼 20대, 30대에는 못 할 것이 없다. 젊음이라는 가장 큰 무기가 있거니와 세상에 길은 너무 많고 돈 벌 수 있는 수단은 훨씬 더 다양하다. 전화위복이 될 수도 있다. 이처럼 여행은 갈팡질팡하고 방황할 때 새로운 결정을 하는 용기를 불어넣는다. 안 되면 어떤가? 아니면 말고.

초심은 왜 중요한가?

자고 일어나니 너무 놀란 일이 벌어졌다. 하루 조회 수가 10만이다. 나는 그냥 블로그에 글만 몇 개 올렸을 뿐인데 신선한 충격이었다.

'아, 인터넷 메인에 올라와서 그랬구나.'

연락을 한동안 하지 않았던 지인도 연락이 와서 이게 나인 것 같다며 잘 지내냐고 인사를 한다.

참 고마운 세상이다. 인터넷에 글을 하나 올림으로써 잊힌 누군가와 연락을 하게 해 주고, 내 글을 메인에 올려주기까지 하니 말이다. 잘 쓴 글은 아닐지언정 많은 사람이 공감해 주고 관심 있는 주제를 쓴 것이 틀림없으니 어찌 됐든 잘된 일이다.

매일 글 쓴다는 게 사실 쉽지 않다. 어쩌면 나태해질 수 있는 나에게 블로그가 주는 작은 선물이라고 여길 것이다.

초심에 대해 많은 생각을 한다. 축구 16강 진출에서 큰 화제가 됐던 중꺾마를 기억할 것이다. '중요한 것은 꺾이지 않는 마음'. 하지만 이는 초심이랑은 다소 다른 개념이다. 현재 내가 가지고 있는 신념이나 가치관 자체를 계속 가져가는 것에 반해, 초심은 내가 어떤 것을 처음 시작할 때 가졌던 마음을 말한다.

축구를 좋아하는 사람이라면 델레 알리를 기억할 것이다. 축구선수 델레 알리는 등장과 동시에 최고의 주가를 올렸다. 매 경기 골을 넣으며 어린 나이에 믿을 수 없는 실력을 보여주었고 팬들, 팀, 감독에게 신의를 받았다. 하지만 자신의 실력을 너무 믿은 나머지 연습 기간에 불참하고, 주말마다 클럽에 가 여자들과 술을 마시고 방탕한 나날을 보냈다. 당연히 살이 찔 수밖에 없고 연습을 안 하니 실력은 점점 줄어갔다.

이에 감독 무리뉴는 일침을 가한다. 지금 자신을 돌아보라고 말이다. Time flies, 시간은 너무 쏜살같이 지나간다는 말과 함께 무리뉴는 가슴에 박히는 말을 한다.

"시간이 흘렀을 때 네가 후회할 것 같다."

이 말은 선을 넘지 않는 선에서 감독이 선수에게 할 수 있는 최고의 조언이다. 성장하도록 도울 수 있는 최고의 방법이다.

이처럼 더 많은 걸 바라고 나중에 후회하지 말라는 무리뉴의 말이 의미하는 바는 무엇일까?

바로 '초심을 잃지 말라는 것'이다. 사람은 늘 새로운 것을 좇고 더 나은 물질적, 정신적 풍요를 바란다. 늘 더 큰 것을 원하고 얼마 안 가 거기에 익숙해진다. 내가 가진 것에 더 익숙해질수록 처음 도전할 때 마음은 온데간데없고 나태해지며, 최소한의 것에만 시간 투자한다. 그렇게 점점 성과는 내려간다.

1년 뒤, 델레 알리는 2부로 추락을 거듭하고 현재는 터키 이스탄불에서 뛰고 있다. 설상가상으로 지금은 상처까지 입어 선수 생활을 다시 (올라가기에는) 한계가 있어 보인다.

모든 것이 초심에서 망가졌기 때문이다. 아마 델레 알리는 저 당시 무리뉴가 하는 말을 가슴 깊이 새기지 않았다. 그 당시만 새겼다 한들, 분명 행동으로 옮기지 않았을 것이다.

회사도 마찬가지다. '제발 뽑아만 달라! 몸을 갈아 넣겠다!'라고 맹세한 면접에서 회사생활 3년, 5년, 6년, 10년이 지나면 어느새 그 다짐은 온데간데없고 무뎌진다. 하루하루 쳐내는 데 지쳐 퇴근하면 침대로 쓰러지기 바쁘다. 초심을 잃지 않기 위해서는 처음 마음 가졌던 때를 떠올려야 한다. 그것은 당시 옷차림이 될 수도 있고, 장소나 함께했던 사람이 될 수도 있다.

연애도 똑같다. 오래 만난 장수 커플들의 재밌는 썰이 유튜브에 많다. 오늘 뭐 할지를 서로 고민하고, 그냥 아무것도 안 하고 집에서 넷플릭스만 보고, 연애 초기의 설렘은 아예 사라진 지 오래다. 물론 첫 만남의 연애가 주는 설렘은 지금의 편안함으로 대체되겠지만 그때 가졌던 이 사람과의 초심을 떠올리는 것은 둘 사이의 건강한 관계를 회복하는 데 있어 필수적이다.

그렇다면 나는 어떤 초심을 가지고 글을 쓰게 된 걸까. 지난날들을 돌이켜 본다. 스트레스가 극에 달할 때가 있었다. 인생에서 모든 것이 하고자 하는 대로 풀리지 않았고, 정상적인 것에서도 여러 잡음이 들렸다. 스트레스가 극에 달할 때 러닝머신으로 아무리 달리기를 하고 운동을 해도 그때뿐이었다. 상쾌한 기분은 들었지만, 근본적인 뿌리가 문제가 있었기에 다시 원상태로 되돌아오기 일쑤였다. 육체적인 것이 아닌 내 내면적인 스트레스를 밖으로 끄집어내야 했다.

사실 인간의 삶은 다양한데 그중에 실제로 사람들이 고민하고 괴로워하는 일들은 거기서 거기다. 좀 더 나아지고자 하는 욕망, 안정적인 삶을 살고자 하는 욕망은 모두 같기에. 나 스스로 생각이 정리되어야 했고, 나를 어느 방향으로 가자고 이끌어야 했다. 그것이 바로 글쓰기였다. 글쓰기를 해야겠다고 생각하고 시작한 것도 아니다. 문득 word에 내가 힘든 일, 잘 풀리지 않는 일, 스트레스를 주는 원초적인 원인을 문장도 아닌 단어로 써 내려갔다. 적고 거기에 대한 내 경험과 생각들을 풀어놓기 시작했다. 그러자 말도 안 되는 일이 일어났다. 글을 쓰면서 점점 어떤 글을 써야 할지 계속 머릿속에 생각이 났고 어느덧 돌아보니 A4용지 두 장이나 쓰여 있었다. 내가 오늘 느낀 속상했던 감정들, 스트레스의 원인을 적고 나니 이상하게 마음이 후련해지고 금방 해결될 것만 같은 용기가 생겼다. 그때부터 글을 쓰기 시작했다.

이 초심은 단순히 내가 행복해지기 위한 수단이었다. 글을 통해 경제적 자유를 이룬다거나, 이름을 떨친다거나 이런 마음조차 없다. 행복해지기 위해서 시작한 일이다. 글쓰기 학원을 꾸준히 다닌 적은 있지만 글을 잘 쓴다고 생각해 본 적도 단 한 번도 없었다. 그냥 연예인처럼 우리에게 동떨어진 이야기 말고, 현실적인 상황 앞에서 현실적인 생각들, 누구나 공감할 수 있는 얘기들을 덤덤히 써 내려간 것뿐이다.

김대중, 노무현 대통령의 연설문을 쓰셨던 강원국 아저씨가 이런 말을 했다. 글을 쓴다는 것은 잘 쓰고 못 쓰고를 나누는 것은 없다고. 그저 쓴 사람과 안 쓴 사람이 나뉠 뿐이라고. 그렇다. 글을 쓰면서 내가 하고 싶은 말이 생각이 나고 편안하게 써 내려가 누군가의 마음을 울릴 수 있다면 그것이 잘 쓴 글이다. 수려한 단어나 어려운 글들을 쓴다 해서 독자들이 공감하지 못하고 이해하지 못한다면 그것이 무슨 의미가 있겠는가?

본업이 있기에 글을 쓰는 것은 축복과 같다. 잘 써야 한다는 부담이 전혀 없기 때문이다. 부담 없이 매사에 접근하면 오히려 기대보다 더 좋은 결과를 낳는다.

글쓰기는 참 재미있다. 매일 아침 출근부터 퇴근까지 일하고 사는 이 고된 일상에 만약 글쓰기가 재미없었더라면 굳이 시작조차 하지 않았을 것이다. 단 한 번도 글쓰기를 오늘 끝내지 못한 숙제처럼 여긴 적이 없다. 그냥 재밌어서 쓰는 것이다. 쓰다 보면 실제로 실력도 더 는다.

내가 글을 쓰는 초심은 내가 행복해지기 위해서였다면, 이젠 이 초심을 살려 내 글로 누군가에게 행복을 전하고 싶다. 내가 겪었던 힘들었던 경험들이 누군가에게는 큰 위로가 되고, 다시 용기를 불어넣을 수 있는 그런 글 쓰는 사람이 되고 싶다.

인생 매사에 처음 가졌던 초심을 잃지 않고, 아니 잃어도 된다. 다시 가져오면 된다. 늘 내 처음의 모습을 잃지 않는 삶이 필요하다는 생각을 한다. 그렇게 매 순간순간에 임하다 보면 오늘 같은 작은 선물이 또 올 것이고 거기에 힘입어 다시 앞으로 나아가겠지.

무리뉴 말처럼, 시간이 지났을 때 지금을 잘 살았다고, 행복했다고 여기는 순간을 그리며.

인생을 왜 돌아보는가?

내 초심을 돌아보는 일은 결국 내가 인생을 살아가는 마음가짐을 돌아보는 것이다. 우리는 경쟁에서 이기려고 혹은, 인생의 발전을 위해 늘 앞만 보고 전진한다. 그것이 내 인생의 성장을 가져오고, 경제적 안정과 자아실현을 이룰 수 있는 유일한 길이라 믿기 때문이다. 맞는 말이다. 과거에 얽매인 사람은 늘 과거에서만 산다.

그런데도 우리는 왜 인생을 돌아봐야만 하는 걸까?

인생은 수차례 시행착오를 동반한다. 영어를 좋아했지만, 영어학원에 다니지 못했다. 아버지가 일찍 돌아가셨고, 관심병사에 몸은 허약했다. 미국에서 해고를 당했고, 멕시코에서 강도도 당해 2번 죽을 뻔했다. 목에 칼이 들어온 감촉을 느껴본 사람은 많지 않을 것이다. 미국에서는 펄펄 끓는 열에 돈도 없고, 오늘 잘 곳이 없어 벤치에서 반나절을 보냈다. 공부를 열심히 했다고 생각했지만, 수능은 망쳐버렸다. 군대에서는 하루가 다르게 맞았고, 토익시험은 20번을 쳤다. 서류는 300번 썼지만 입사

시험에는 늘 낙방했으며, 두 개의 회사에서 적응을 잘 못해 퇴사했고, 연말의 따뜻함과 화려함 속에 늘 나는 혼자였다. 혼자일 땐 주로 음악을 듣거나 책을 빌려 읽으며 외로움을 풀었다.

하지만 이런 시행착오는 지금 와서 인생을 돌아보니 지금의 나를 있게 해 준 크나큰 자산이었다. 미래를 더 관망적으로 볼 수 있어서 나는 지난 인생을 돌아본다.

영어 학원 대신 미국, 멕시코에서 직접 몸으로 부딪히며 외국어를 배웠고, 아버지가 일찍 돌아가셔서 일찍 성숙해졌다. 멕시코에서의 일로 위험한 곳은 가지 않으며, 그 시간에 운동을 시작했다. 미국에서 벤치에 앉은 덕분에 바로 옆 델리집 아주머니를 우연히 만나 집을 구했다. 수능을 망쳐서 서울에 안 갔고, 부모님 곁에서 더 오래 있어 따뜻하고 행복했다. 군대에서 죽을 만큼 맞은 아픔을 알아 누군가에게도 폭언과 폭행을 하지 않는다. 누군가를 돕는 게 좋다. 헌혈 35번, 조혈모세포 기증 신청을 했다. 토익시험을 많이 쳐서 영어로 이메일 쓰기가 편하다. 마침내 300번 만에 나에게 기회를 준 회사가 나타났으며, 늘 혼자였던 내게 여자 친구가 와 줬다. 음악을 자주 들어 아내와 콘서트를 갈 수 있는 취미가 있고, 책을 많이 읽어 책도 출간했다.

인생을 돌아보는 데 있어 가장 중심에는 미라클 모닝이 있다. 최근 언론이나 매체에서 미라클 모닝에 관련된 책들이 쏟아지고 있다. 새벽 여섯 시에 운동하고 출근을 하는 사람들, 새벽 네 시, 다섯 시에 일어나 하루를 여는 사람들이 많다. 보통 본인의 관심사나, 자기 계발을 주로 한다.

나는 미라클 모닝을 해서 수영장으로 갔다. 물론 운동 자체로서의 수영도 내게 큰 도움이 되었지만 내게 가장 의미 있었던 것은 아침 여섯 시에 일어나 수영장까지 걸어가는 그 시간이었다. 새벽이었기 때문에 늘 거리에는 사람들이 아무도 없었고, 그 길에서 음악을 들으며 혼자 내면적인 대화를 자주 나누었다. 지금의 나를 더 다듬고 미래를 생각하는 어쩌면 내 20대에서 가장 의미 있던 시간이었다. 단순하게 오늘 해야 할 일, 오늘 벅찬 하루를 쳐낸다는 느낌보다 좀 더 관망적으로 미래를 생각할 수 있었던 고요하고 적막한 시간이었다. 매일 아침 이 20분의 시간은 건강과 내 인생을 잘 풀리게 할 수 있었던 기적의 시간이었다. 만약 안 풀리는 일이 있다 하더라도 수영을 함으로써 스트레스를 풀었다. 수영을 할 때는 잡다한 생각을 1초라도 하면 물을 먹기 때문에 머리를 비울 수 있다는 것이 참 좋았다.

만약 내가 수영을 배우지 않았더라면 매일 아침 나를 돌아보고 생각하는 시간은 가지지 못했을 것이다. 동이 트기도 전에 수영이라는 목적 하나로 6시에 매일같이 일어난 나는 미라클 모닝이 어떤 이로움을 주는지 가장 잘 알고 있다.

첫째로, 시간의 중요성을 느낄 수 있다. 남들은 잠을 잠으로써 버리는 아침에 눈을 뜨면 똑같이 주어진 하루 24시간을 더 알차고 생산적으로 보낼 수 있다. 직장인이라면 일을, 학생이라면 공부를 해야 하는 대체로 9시에 시작하는 일과시간 전에 시간을 유용하게 사용하는 것이기 때문에 몸이 쳐지지도 않고 오히려 몸과 정신에서 더 활력이 넘친다.

시간의 중요성은 아무리 말해도 지나치지 않다. 이렇게 쏜살같이 지나가는 시간 속에서 아침에 일찍 일어남으로써 제한된 시간 내 생산적인 활동으로 내 삶을 쪼개 쓸 수 있다는 것은 정말 큰 축복이다. 이것이 모이고 또 모여 더 성숙하고 발전된 나를 만든다.

나도 그렇게 생각한 적이 있었다. 20대 때 밤새 술을 먹고 지하철 첫차를 타면 멀끔한 사람들이 아침 일찍 그들의 분주한 삶을 그려나가고 있었다. 그때 많은 생각이 들었다. 이렇게 많은 사람이 새벽부터 열심히 살아 가는데, 나는 밤새 술이나 마시고 집에 가서 잠을 자러 지하철을 탄 것이다.

일이 끝나고 힘들다고 집에 누워 유튜브를 보거나 넷플릭스로 킬링타임을 하고 있다면 반성해야 한다. 인생에 도움은 당연히 되지도 않고 0도 아니고 오히려 마이너스의 삶을 사는 것이다. 그 시간이 주식이라고 생각하면 당장 일어나 삶을 바꿔 나갈 텐데 시간이 정량화되어 눈에 보이질 않으니 사람이 안 바뀌는 것이다.

워런 버핏도 자기 전 재산을 투자해 젊음을 살 수 있다면 기꺼이 사겠다고 답했다. 돈보다 더 중요한 것이 젊음이고, 오늘이 우리의 인생에서 가장 젊은 날이다. 그런 오늘을 낭비한다는 것은 죄책감을 느껴야 마땅하다.

두 번째로 느낀 것은 더 여유 있는 나를 만나게 된다. 20대 때는 나 자신을 가혹하게 채찍질하며 하루하루를 보냈다. 조금만 놀고, 해야 할 그것을 안 하면 늘 불안했고 남들에게 뒤처진다고 여겼다. 공부면 공부, 패션이면 패션, 여행이면 여행, 항상 무한 경쟁 속에서 항상 앞서가려고만 했다. 결과를 떠나서 그렇게 치열하게 열심히 하루하루를 사는 것이 성공의 지름길이며 곧 당연히 그래야만 한다고 믿었다.

정말 하루를 치열하게 살다가 자기 전 핸드폰 30분 유튜브 보는 것이 나에겐 쉬는 것이었고 그것도 관대하다고 여겼다. 집 가는 길 음악 들으면서 걸어간다는 거로 나는 그것이 쉬는 것이라 여겼다.

하지만 나이가 들어 뒤를 돌아보니 그것은 지름길이 아니고 비탈길이었다. 나는 똑바로 가고 있다고 생각했는데 뒤를 돌아보니 아니었다. 삐뚤게 가고 있었다. 우리의 삶도 이것과 크게 다르지 않다.

내면적으로 여유를 가질 때 생각의 깊이가 확장되고, 하던 일도 더 잘되고, 실수를 줄일 수 있으며 본질에 집중할 수 있다. 열심히, 빨리빨리만 해서 되는 게 아니라 지식을 얻는 것, 내가 좋아하는 것에 조금 더 아침 시간을 이용해 투자한다면 그 아침 시간이 정말 유의미한 시간이 될 것이라고 자부한다.

더 여유 있는 나뿐만 아니라 평소에는 무심결 지나치던 주변도 살펴보게 된다.

여섯 시 전에 일어나기 전에는 전혀 몰랐다. 새벽의 새의 지저귐과 동트는 아침의 신선한 공기를. 가까이 있었지만, 무심결 지나치는 것이 참 많았다. 내 가족, 친구들, 여자친구, 챙겨야 할 소중한 사람들에 대해 깊은 생각을 하게 된다.

미라클 모닝은 아침 일찍 일어난 게 대단한 것이 아니다. 이렇게 아침이 오는 것 자체에, 내 인생에서 하루가 더 주어진 삶에 감사하게 된다. 이게 진짜 미라클 모닝의 본질이고 또 다른 기적이다.

온실 속의 화초와 길거리에 있는 잡초를 보아라. 어떤 것이 더 강인한 생명력을 지니는가? 온실 속의 화초는 몇 번이라도 햇빛을 안 쐬거나 물을 안 주면 바로 죽는다. 잡초는 비가 오나, 눈이 오나, 바람이 흔들리나 끝까지 살아남는다. 시행착오를 두려워하지 말자. 인간이기에 누구나 실수하고, 누구나 서툴다.

삶의 이유를 찾으면 내 삶이 즐거워지고 강한 동기부여가 생기며 바른 길로 모든 일이 잘 풀린다. 오늘 힘들었던 한 주의 시작에서 지치고 힘든 누군가가 있다면 한 번쯤 뒤를 돌아보자. 얼마나 멀리 잘 걸어왔는가.

다양한 경험을 해야 하는 이유

1층에 살고 있다. 어릴 적 살던 아파트도 1층이다. 의도한 것이 아니라 우연히 1층에만 살았다. 1층에서만 살았던 내 아파트는 한없이 높아 보였다. 나는 늘 1층의 시야에서만 생활했다. 그래서 늘 호텔에 놀러 가면 고층을 달라고 한다. 높은 곳에서 바라보는 이 세상이 흔치 않기에 얼른 눈으로 담아야 한다. 호텔에서 높은 곳에서 바라본 서울은 고층아파트도 매우 작아 보인다. 내 주변 환경, 내 생각, 나를 둘러싼 모든 것은 위에서 보면 그저 작은 먼지와 같다. 더 넓게 생각하고 넓은 시야를 가져야 내 옆의 것이 보이고 나를 둘러싸고 있는 것이 보인다.

인간만 그런 것이 아니다. 꼽등이도 컵에 가두면 처음에는 점프하다 계속 부딪히면 나중에 부딪히기 직전까지만 아슬하게 점프를 한다. 컵을 치워도 더 높게 점프하지 않고 컵이 있을 때만큼만 점프한다. 이렇듯, 경험의 관성은 나를 둘러싼 배경이 모두 결정한다. 경험으로 배경지식을 늘려가야 하는 이유다.

삶에서 가장 중요한 한정자원은 시간과 돈이다. 돈은 회복성과 탄력성이 있다. 지금 돈이 없더라도 나중에 다시 벌면 되고, 혹은 지금 돈이 많은 백만장자라도 하루아침에 쫄딱 망할 수 있다.

하지만 시간은 그렇지 않다. 한번 지나면 끝이며, 되돌릴 수도 없다. 되돌리지 못하는 과거에 집착하지 않고 현재를 살기 위해서는 늘 긴 안목을 가지고 접근해야 한다.

미국에서는 '갭이어'라는 것이 있다. 학업을 잠시 접고, 무언가를 새롭게 배우거나, 진로를 탐색하거나 1년 정도 자아 성찰을 하면서 내 인생을 그려나가는 시간이다. 이처럼 한 치 멀리서 인생을 바라보고, 조금 늦더라도 바른 길로 갈 수 있는 안목을 길러야 한다.

꿈을 꿔본 적이 있을 것이다. 평소에 한 번도 생각하지도 않았던 모르는 사람이나, 연예인, 사물들이 등장하기 만무하다. 꿈도 내가 생각하고 원하고 늘 내 곁에 있는 것만 나온다. 즉 내가 경험한 것에서만 나온다는 것이다. 꿈도 이런데 우리 인생이라고 다르지 않겠는가?

대기업, 전문직, 공기업 이런 직업은 겉으로 보면 번지르르하다. 검사 판사는 특히 일반인 기준 초엘리트 집단이다. 그런데 부장판사로 진급이 누락되면 대다수 퇴직을 하는 것을 알고 있는가? 대기업도 40대가 넘어가면 진급누락이 되고, 그때 본인 후배가 진급하면 자존심 때문에 퇴사를 한다. 아무도 뭐라 하지 않는데 직장을 그만두고 다른 일자리를 알아본다. 정작 진급을 했다고 치자. 무엇이 달라지는가? 정작 받는 월급 몇 푼 차이밖에 안 날 것이다. 1~2년 늦게 입사하든, 1~2년 늦게 진급해도 우리 인생에는 아무런 영향도 없다. 빨라서 좋을 것도 없다. 책임감만 늘 어날 뿐이다. 우리는 주변 사람들의 인정과 기대, 본인의 자존감을 빌미로 가장 소중한 것을 잃고 있다.

소속감이 주는 안정은 달콤하다. 마치 마약과 같다. 서울대, 연세대, 고려대, 과 잠바를 생각해보자. 이토록 고등학교 때 노력해서 서울대에 왔으니 온종일 서울대 입학생들은 과 잠바만 입고 다닌다. 조직은 곧 주변 사람들의 평가 잣대다.

조직이라는 타성에 젖어 개인 경험을 등한시하는 것은 도태되는 지름길이다. 우리는 불편함에 익숙해져야 한다. 내가 안 해본 것, 새로운 것에 늘 도전하고 겪어야 한다. 내가 익숙함에 젖고, 조직에 억눌린다면 나는 그냥 회사 차원에서는 조직에 문제 안 일으키는 착한 사람 그 이상 그 이하도 아니다. 내 희망과 미래는 뺏긴 채.

조금만 넓은 세상을 보고 많은 경험을 했으면 한다. 그 경험은 캐나다 사람들이 남 의식하지 않고 찢어진 옷을 그냥 입고 다니는 것과 같다. 공경을 넘어 대접받길 원하는 꼰대 사회, 남 의식 속에 나를 잃어가는 대한민국은 이제 달라져야 한다. 그럼 남의 식 없이 나부터 달라지려면 어떤 경험을 해야 하는 걸까?

첫째, 경험의 양보다는 질을 구별해야 한다. 경험을 무조건 많이 하는 것은 좋은 것이 아니다. 정말 제대로 된 내가 무언가 느낄 수 있는 값진 경험을 해야 한다. 사람마다 인생에 가치를 두는 분야가 다르므로 버킷리스트를 활용하는 것도 좋은 방법이다. 내가 버킷리스트의 경험을 하면서 희열을 느끼고, 남들보다 잘하고, 새롭게 느끼는 것이 있다면 그것이 경험의 질을 올리는 것이다. 특히 내가 바랐던 경험을 할 때는 그와 연관된 다른 영감이 떠오르기도 한다. 실제로 원하던 경험을 하며 새로운 사업을 시작하거나, 창작하거나, 음악을 만드는 예술가들이 많다. 이게 마인드맵이다. 질적인 경험을 늘려나가면 새로운 내 머릿속 마인드맵이 그려지고, 그 희열로 인해 생각을 더 확장하고 인생을 직접 스스로 설계할 수 있다.

둘째, 내가 주체적으로 선택한 것이어야 한다. 남들이 다 뉴질랜드 워킹홀리데이를 간다고 해서 나도 무턱대고 따라가면 경험의 양만 늘리고 오는 것이나 다름없다. 100%다. 내가 뉴질랜드를 선택한 이유, 거기서 봐야 할 것, 뉴질랜드와 내 삶의 연관 관계, 앞으로 무엇을 느끼고 싶은지 본인만의 철학이 있어야 한다. 거기서 나온 실제 경험은 앞으로의 값진 인생의 자양분이 된다.

셋째, 나부터 공감할 수 있어야 한다. 면접에 들어가면 면접자가 하는 애기의 90%는 본인 경험 애기다. 내가 어떤 일을 할 때 보람찼다거나, 그 경험에서 무엇을 느꼈다거나 등 면접관들은 내 경험에서 회사와의 연관성을 찾는다. 경험이 진실하고 내가 공감할 수 있어야 회사도 내 가치에 신뢰한다. 그 수많은 경험이 모여 지금의 내 모습을 만들었다고 보는 것이다. 내 친구는 면접에서 1년 동안 전 세계 해외여행을 간 이야기만 40분째 떠들다 나왔는데 합격했다. 누구나 할 수 없는 본인의 경험에서 본인만의 통찰력을 얻었고, 면접관도 그의 애기에 공감할 수 있었다. 면접관도 사람이다. 꾸며진 것이 아니라 진짜 본인의 경험에 마음이 움직인다.

넷째, 비교로부터 배제된 경험이어야 한다. 지금은 누구는 돈이 많고, 누구는 돈이 없고, 누구는 롤렉스를 차고 다니며, 누구는 멋진 외제차를 타고 다니는 것. 모두가 부러워한다. 하지만 이런 잣대의 시작은 길어봐야 고작 100년이다. 100년 전에는 생존을 걱정하느라 이런 것에 신경 쓸 겨를도 없었다. 세상은 이렇게나 빠르게 변한다. 지금의 나는 길어봐야 앞으로 50년 정도 더 살까? 이것도 최대로 잡은 거다. 남과 비교하지 않는 내 경험만이 백만 불짜리며 거기에 내 통찰력이 더해지면 그것이 곧 자산이 된다.

다섯째, 작은 성취가 포함된 경험이어야 한다. 성취는 곧 자존감을 만든다. 내가 그 힘든 미국에서 이방인으로서 버텼다는 것, 말도 하나도 안 통하는 멕시코에서 스페인어를 배웠다는 것 등. 이 작은 성취 경험은 자존감을 올려 앞으로의 인생에 있어 또 다른 값진 경험을 낳는다.

취업에 한정해서도 똑같다. 취업준비생은 준비를 할 때 공백에 관련된 질문을 거짓말을 해서라도 대비하고, 어김없이 면접에서도 면접관이 그 질문을 한다. 단 6개월 아니, 1개월만 쉬어도 한국인은 불안해한다. 다른 이들은 앞서가는데 나만 뒤처진 생각이 드는 것이다. 미래에 대해 두려움 때문이다. 지금 쉼으로써 불투명한 미래에 대해 대비가 되지 않는다고 판단해서다. 지금 쉬든 안 쉬든 미래는 언제나 불투명하다. 인생은 목표보다 경험에 비추어 의사결정을 해야 하고 개척해야 한다. 그 경험은 목표를 세우는 데에도 큰 도움이 된다. 그래서 해외여행은 많은 것을 보고, 느끼고, 듣고, 그 안에서 얻는 것이 있으니 최대한 어리고 시간이 많을 때 가라고 하는 것이다.

지금도 신림동, 종각, 노량진 독서실, 스터디카페에는 수많은 고시 낭인들이 있다. 2~3년은 어디 비빌 수도 없다. 5~6년째 한 시험을 준비하는 사람들도 흔하다. 본인이 면접관이라면 5년 동안 공부한 고시 낭인을 뽑겠는가, 3개월 직무 인턴 경험을 해본 사람을 뽑겠는가? 당연히 후자다. 백 번 글로 읽은 것보다 한 번 경험해 본 것이 더 위대하다. 경험에 따른 통찰력은 그 어디에서도 빛을 발한다.

2단계

삶의 방향을
잡아라

기차를 타고 뒤를 돌아보면 굽이 굽어져 있는데
타고 갈때는 직진이라고 밖에 생각 안하잖아요.
저도 반듯하게 살아왔다 생각했는데
뒤돌아보면 굽이져있고, 그게 인생인거 같아요.

KBS, 〈다큐 3일 : 서민들의 인생분기점〉, 2008, 07.19. 방영

나만의 전문성을 찾아 몰입하라

앞서 설명한 재해석이 필요한 궁극적인 이유도 여기에 있다. 바로 셀프리더십을 기르기 위함이다.

셀프리더십은 스스로 자신이 나아가야 할 방향을 설정하고, 자기 자신을 통제하면서 삶에서 자신을 이끌어 가는 과정이다. 누가 시켜서 하는 것이 아니라, 스스로 내 과제를 정해 주체적으로 인생을 살아갈 수 있는 가장 강력한 고유명사다. 셀프리더십을 명확히 정의하고 실천했다면 지난날 방황했던 시간을 조금이라도 줄일 수 있었을 것이다.

그렇다면 셀프리더십이란 무엇일까? 인생을 살아가며 과거에도, 지금도, 미래에도 셀프리더십을 기르는 것이 가장 중요함을 느끼고 있다.

포괄적 의미인 리더십이란 통솔력과 비슷한 단어로써 조직의 목표달성을 위해 조직을 관리하고, 지원을 끌어내는 능력을 말한다. 셀프리더십은 리더십 하위의 개념으로 조직의 리더처럼 자기 스스로 나아가야 할 방향을 정하는 마음가짐이다. 퍼스널브랜딩의 가장 근간이 되는 개념이라 할 수 있다. '내 할 일 내가 알아서 찾아서 하는 것'이라 생각하면 편하다.

셀프리더십은 앞으로 우리가 인생을 살아가는 데 있어 꼭 지녀야 할 정신이다.

지금까지 유의미하다고 생각했던 모든 성과는 모두 주체적인 셀프리더십을 기반으로 삼아 이룬 것이다.

요즘은 퍼스널브랜딩이라고 해서 나 자신을 브랜딩 하고 어필하는 사람들이 많다. 이에 셀프리더십이 2030들에 주목받고 있다.

그렇다면 성과를 내기 위해서만이 셀프리더십이 필요할까? 아니다. 셀프리더십이 기반을 둔 삶은 내 선택에 대한 확신과 자신감을 불어넣어 준다.

동물이나 인간이나 같다. 모든 집단은 우두머리의 리더십 역량에 따라 그 조직의 성과가 달라진다. 가장 높은 위치에 있는 사람은 해결방법을 모색하기보다 조직에 올바른 방향을 제시해야 그 조직이 정글에서 살아남을 수 있는지 판가름난다. 조직의 장은 이처럼 무수한 선택 가운데 '우린 저기로 가자.'라는 명확한 의사결정을 해 주어야 한다.

미국 인턴십 때의 일이다. 스페인어 통역 하루 친구 도와주러 나갔다가 해고를 당했다. 아, 인생이 이렇게 허무할 수가 있는가. 인생 첫 해고 앞에서 나는 어찌할 줄 몰랐다. 집 가는 길 하늘은 왜 이렇게 새파랄까?

이 넓은 땅덩어리 미국에서 내 마음을 알아주는 사람은 아무도 없다.

미국에 있을 때 하루아침에 해고를 당한 것처럼, 미국은 고용의 유연성이 굉장히 높다. 이 말인즉슨, 고용의 안정성이 없다는 것이다. 대한민국이었으면 아마 난리가 났을 것이다. 우리나라는 노조가 힘이 세다. 근로자의 인권을 가장 첫 번째로 들이밀며 간혹 회사에 무리한 요구를 하기도 한다.

이런 노동조합 존재는 회사의 이익을 근로자에게 나누라는 것이 중점인데, 오히려 회사의 신사업개발과 사업확장에 저하를 일으켜 발전을 더디게 하는 단점도 가지고 있다.

이처럼 미국 같은 고용 유연성을 가진 나라는 오히려 실력 있는 사람들에게는 파격적인 보상을 제공한다. 내 능력을 회사에 증명하고, 그것을 입증한다면 성과에 따라 매년 파격적인 연봉인상도 기대할 수 있다. 이러한 노동의 유연성 덕분에 CHAT GPT도 탄생한 것이다.

우리가 살아남을 수 있는 법은 기존의 AI가 하지 못하는 인간만이 할 수 있는 연결고리, 발상을 끌어내는 것 하나뿐이다. 생각하지 않는 단순 업무는 모두 AI에 대체될 것이다. CHAT GPT로 앞으로 오랫동안 노력해야만 취득할 수 있는 전문 자격증 변호사, 판검사, 회계사 등도 대체될 수도 있다고 한다. 앞으로의 세상은 이처럼 모든 것이 디지털이 선도할 것이다.

예를 들어보자. 회사에서 문과 상경계열을 뽑는 데 자기소개서에 디지털역량 경험을 묻는 말에 깜짝 놀랐다. 디지털역량이라고 해서 절대 거창한 것이 아니다. 문과 사람들에게 실제 전문적인 코딩능력이나, IT 개발업무와 같은 것을 요구하지도 않고 기대하지도 않는다. 내가 가진 경험과 역량에서 디지털과 연관 있는 사례를 연결하면 된다. 나도 모르게 디지털 쪽으로 업무나 경험한 연결고리가 분명 있다. 취업준비생들은 이를 너무 어렵게 받아들인다. 이처럼 정부주도하에 디지털 비대면 산업육성 등 관련 정책이 활발해짐에 따라 문과에서도 디지털역량이 필수적으로 요구될 것이다.

정부는 또 어떤가? 정부도 최근에는 K-뉴딜정책이라 하여 디지털 기술에 많은 예산을 투자하고 있다. 미국과 달리 한국의 뉴딜정책은 공사설립 등의 산업부흥이 아닌 AI 인프라구축과 같은 '디지털 기술'을 초점으로 하여 경제혁신과 일자리 창출을 한다. AI 인프라구축, 5G 네트워크 고도화, 자료수집 및 활용기반 구축, 비대면 산업육성 및 SOC 산업의 디지털화가 필수요건으로 요구될 것이다.

대학입시도 이제는 문과/이과 나뉘는 것이 아니라 통합 수능으로 차츰 이루어질 것이다. 이에 따라 문과생들도 디지털 경험에 익숙해야 하고, 코딩도 기초를 쌓는 느낌으로 배워두는 것이 좋다. 다만 나의 문과적인 역량들을 포기하고 코딩이 돈을 많이 번다고 해서 코딩학원에 갑자기 뛰어들어 6개월~1년 배워 개발자의 길에 뛰어드는 것은 추천하지 않는다. 뉴스에 나오는 대부분 연봉 1~2억 개발자들은 정말 일부에 불과하고, 나머지는 전부 다 박봉에 밑바닥부터 시작한다. IT는 철저히 실력만으로 평가받는 업계이기 때문에 6개월 학원 다닌다 해서 실력이 쉽게 만들어지지 않는다. 진입장벽이 높다. 다만 코딩을 배워두면, 회사에 입사해서도 내 본업 업무를 수행하다가 IT 쪽으로 팀을 옮기는 기회를 얻을 수도 있고, IT 프로젝트에 참여할 가능성도 생길 수 있다. 회사 차원에서도 하나의 분야에만 특화된 사람은 전문 직군으로 충분히 채용할 수 있다. 회계사 직군, 법무사 직군, 사내변호사 등 전문 직군은 그 일에만 특화되기 때문에 고연봉이라도 회사에서는 돈을 주고서라도 데리고 오려고 한다.

문과 일반 직군은 〈스페셜리스트〉가 아닌 〈제너럴리스트〉가 되는 것이 본인의 앞으로 커리어나 회사 측면에서나 둘 다 좋다고 생각한다. 여러 경험을 할 수 있고 여러 방면에서 본인의 업무역량을 뽐낼 수 있다.

코딩하면서 영어를 하면 내가 할 수 있는 업무의 확장성이 넓어지고 경쟁력이 생긴다. '보편적인 능력의 교집합'을 이룰 수 있다.

하나만 잘해서 성공하는 시대는 지났다. 영어를 할 줄 알면 제2외국어도 할 줄 알아야 하고, 내가 하는 업무에 대한 경험도 많아야 한다. 예전만큼 쌩 문과라고 해서 영어만 잘해서, 혹은 국어만 잘해서 성공하는 시대는 지났다. 문과에서도 요즘은 다양한 역량을 요구한다. 마치 드래곤

볼의 전투력 측정기처럼 다양한 곳에서 평균 이상을 해야 하는 시대가 오고 있다. 요즘 거의 모든 자격증시험에 '과락'이라는 것이 존재하듯 말이다. 처음부터 큰 성과를 기대하기보다 차츰 다양한 분야에 관심을 두고 접근해야 한다. 앞서 말한 제2 외국어나, 그림이나, 글이나 아무거나 좋다. 본인의 관심 분야를 넓혀 꾸준히 실력을 늘려가야 한다. 꾸준히만 하면 실력은 배신하지 않는다.

앞으로 인생은 '자동화'가 모든 것을 결정할 것이다. 자동화가 된다는 것에 어떻게 그 매뉴얼을 숙달하고, 자동화가 가져올 편리한 연결고리를 발견하느냐도 중요하지만 반대로 자동화할 수 없는 영역에서의 내 역량도 키워나가야만 한다.

AI 기술이 아무리 발달하고 디지털 기술이 발전한다 해서 인간이 가진 것을 모두 침범할 수는 없다. 가령, 인적 네트워크, 직접 내가 겪은 경험 등이 여기에 해당한다. 경험에 내 통찰력이 더해지면 그것이 지적자산이다. 내가 직접 경험한 것이면 그것이 사실이라는 것이고, 내가 그 경험에 느낀 것이 있다면 그건 틀릴 수가 없으니 기필코 나만의 고유한 자산이 맞다. 내 가치관은 이런데 설령 그것이 현실에 안 맞다 할지언정 남들과 다른 것이지 틀린 것이 아니다.

이는 AI가 설령 비슷한 정답을 추측할 수는 있겠지만 인간을 따라올 수는 없다. 이건 온전히 모두 내 노력의 산물로 얻어낸 것이기 때문이다.

자동화할 수 없는 것에서의 끊임없는 사유가 필요한 이유다.

우리 모두 어릴 적 드래곤볼을 본 적이 있을 것이다. 드래곤볼에는 전투력 측정기가 있다. 그 측정기 안에는 다양한 분야의 전투력이 측정된다. 민첩성, 파워, 필살기, 스태미나, 체력, 강·약점 등이다. 이 중에 하나라도 현저히 떨어지는 부분이 있다면 상대방은 그 약점을 이용해 공격하고 끝내 싸움에서 패배하고 만다. 따라서 초사이언이 되기 위해서는 한 분야에 탁월한 재능이 있더라도 모든 분야에서 어느 정도 평균 이상의 상태를 만들어야 한다.

하지만 내가 모든 분야를 잘할 수는 당연히 없다. 모든 분야에서 노력한다고 할지라도 재능이 없을 수도 있고, 모두에게 시간은 24시간으로 한정되어 있으므로 모든 분야에 시간을 투자하는 것은 사실상 불가능하다. 다양한 분야에 평균적인 재능이 있다고 한들 요즘은 아무도 알아주지 않는다. 올림픽 경기를 생각해 보자. 시간이 지나 결국 1등만을 기억한다. 2등, 3등을 누가 기억이나 하겠는가? 모두에게 그렇게 서서히 잊혀간다. 우리가 학창 시절을 생각했을 때 반에서 공부 15등 하는 아이들을 기억하지 못하는 것처럼 말이다.

사람은 사람으로 태어난 이상 각자 잘하는 분야가 한 가지씩은 꼭 있다. 성공하는 법 혹은 내 인생을 조금 더 나아지게 만드는 유일한 방법은 내가 잘하는 분야를 언제 가장 이른 시일 내 찾느냐다. 그것을 남들보다 조금 더 좋아하고 잘한다면 더 발전시켜 다양한 영역에 이 재능을 활용해 도전해 볼 수 있고 그것으로 돈을 벌 수 있기 때문이다.

대부분 사람은 결론만 보고 그 사람을 평가한다. 아무리 성공한 사람이 있다 한들, 그들이 성공하기까지 얼마나 고생했는지는 고려하지 않고 그저 "운이 좋았거나, 도와준 조력자가 있었겠지." 자기 위로와 합리화를 하기 위해 온갖 핑계를 만들어 그 사람을 깎아내린다. 그 사람과 비교했을 때 나도 부족하지 않고 잘 살고 있음을 증명하고 싶은 것이다.

과자 하나를 팔아도 치열한 과자 시장에서 본인이 만든 과자가 경쟁력을 가질 수 있는지, 지금 시장 트렌드는 무엇인지, 어떤 디자인의 봉지를 더 선호하는지 등의 고객조사를 철저히 해야 한다. 이로써 답은 나온 것이다. 바로 내가 원하는 한 분야에 '몰입'을 하는 것이다.

잘 된 사람 앞에서 아무리 과거에 나랑 어떤 사이였든 시기와 질투로 본인의 인생을 합리화하기보다, 그에게서 배울 점을 철저히 배워나가야 한다. 내가 좋아하고 더 발전시킬 수 있는 것을 찾아 인생을 더 풍요롭게 살아가야 한다. 대기업에 들어가거나 전문직 시험에 합격했다 하더라도 돈은 충분히 벌 수 있을지언정 그 삶 자체로 볼 때 큰 행복감은 없다. 내가 하고 싶은 것을 하며 경제적 자유를 이어 나가는 사람만이 이 세상에서 가장 유의미한 삶을 사는 사람이다.

셀프리더십을 통해 내가 원하는 경험을 찾았다면 그것을 실행함으로

써 '몰입'을 해보자. 진짜 몰입을 하게 되면 그것이 뭐가 됐던 의미 있는 결과물을 도출할 수 있고, 그것이 또 다른 기회를 낳을 수 있다.

어떤 일에 진정으로 몰입하기 위해서는 강한 동기부여가 필요하다. 생활의 불편함이나 개선사항으로 여겨지는 것이 있어야 동기부여가 생긴다.

멕시코에서는 말이 안 통하고, 삶을 살아가는 것이 힘들었기에 나는 아침에 일어나서 잠을 잘 때까지 잠자는 시간 빼고 온전히 스페인어에만 집중해야 하는 동기부여가 있었다. 학교수업이 끝나면 복습하고, 그것을 친구에게 써 먹어보고, 새로운 단어나 문장은 내가 기억할 수 있을 때까지 반복했다.

멕시코 친구들과 어울리는 시간이 늘자, 저절로 한인들이 있는 곳도 잘 안 가게 되고 온전히 스페인어에만 집중할 수 있었다. 넷플릭스나, 영화, 책, 핸드폰 설정도 모두 다 스페인어로 했다. 단연 영화가 처음에는 20% 정도 알아듣다가 재미없어서 끄고 반복했지만, 나중에 같은 영화를 보니 50%를 알아듣고, 또 보고 나니 90% 이상 알아들을 수 있었다. 언어는 그야말로 반복이었다. 늘 그 언어가 노출되는 환경을 만들면 자연스레 귀가 트이고 입이 트인다.

세상에서 한 번이라도 주어진 것에 몰입해본 적이 있는가? 몰입은 불가능을 가능하게 만든다.

내가 원하는 분명한 목표가 있거나, 하고 싶은 것이 있다면 몰입을 한

번 해보자. 하루 중 유일하게 유의미한 시간은 내가 좋아하는 것에 주체

적으로 몰입한 시간이다.

타인을 관찰하라

늘 염두에 두며 되새겼던 셀프리더십의 단계는 다음과 같다.

첫째, 자기 인식이다. 세상만사 무슨 일을 하든 내가 어떤 사람인지 나 스스로가 명확하게 인지하고 있어야 한다. 한낱 커뮤니티의 프로필에 글을 적을 때에도 나를 어떻게 소개할지, 닉네임은 무엇으로 할지 고민한다. 처음 보는 사람에게 나를 어떻게 소개할지, 혹은 자기소개서를 쓸 때도 나 스스로가 어떤 사람이고, 무엇에 관심 있었는지 객관적으로 파악하고 있어야 상대방에게 인상 깊게 비친다.

자기 인식에서는 성격이 가장 먼저 파악되어야 한다. 우리의 생각, 감정 및 행동, MBTI 등 상황적인 예시를 들어 본인의 특성을 알아볼 수 있다. 이 성격의 유형 중에서 성실성의 척도가 높은 사람이 평균적으로 셀프리더십이 높다고 한다. 셀프리더십을 가지는 데는 실행력이 그만큼 중요하다는 것이다. 결과물이 없는 사람은 늘 말만 하고 실천하지 않는다. 작은 것이든 무엇이든 실행만이 답이다.

또 고려해야 할 것은 현재 본인의 상황이다. 내가 꿈꾸는 상황은 지금이랑 어떻게 다른지 구체적으로 파악해야 한다. 그 상황은 재산의 정도, 꿈, 직업, 사는 곳, 나이, 국적, 결혼 유무 등 조건에 따라 달라진다. 위의 조건 말고도 현재 본인이 가진 결핍을 채우는 것도 셀프리더십을 함양하기 위한 강한 동기부여가 될 수 있다.

가장 중요한 것은 본인의 관심사다. 내가 어렸을 때부터 무엇을 많이 했는지, 그리고 어떤 것을 할 때 행복했는지 본인의 성격에 맞는 관심 분야를 파악하는 것이다. 단순히 킬링타임으로 쉬는 날에 침대에 누워 넷플릭스를 본다든지, 친구들과 밥을 먹는다든지 하는 것은 관심사에 해당하지 않는다. 미래에 내가 생산적으로 어떤 작은 결과물이라 할지라도 발전시킬 수 있어야 한다. 가령, 친구들과 밥을 먹는데 미식가라서 맛집을 찾아다니고 꼭 맛집에서만 밥을 먹어야 본인이 행복을 느낀다면 그것을 블로그나 SNS에 올려 블로거가 될 수도 있다. 조금이라도 내가 남들은 관심을 가지지 않는데 내가 관심 있어 한 번이라도 해보았거나 하는 관심사를 A4용지에 마음대로 적어보자.

둘째, 내가 원하는 경험을 찾는 것이다. 앞서 자기 인식에서 설명한 관심사와 다소 연결되는 부분이다. 내가 관심을 두는 것을 찾았다면 이와 관련된 어떤 경험을 해야 내 관심사를 충족시킬 수 있는지 찾아본다. 손목의 악력과 몸의 코어근육을 기르고 싶다면 암벽등반이라는 새로운 경험을 찾아보는 것처럼 말이다.

　내가 좋아하고 관심 있는 것과의 연결고리를 찾는 것이 셀프리더십의 가장 중요한 맥락이다. 자기 인식 단계를 통해 얻은 나의 정체성과 내 경험을 일치화하는 과정을 나는 연결고리라고 부른다. 신기하게도 연결고리에 집중하면 정말 하찮게 생각했던 이때까지의 내 삶의 경험도 유의미해지는 순간이 온다. 아무렇지 않게 시작했던 소소한 경험들도 대단한 일의 시작이 될 수 있다. 새로운 경험을 하는 데 있어 두려워하면 안 된다. 늘 자기를 검열하지 말고 당당하게 나아가야 많은 경험을 할 수 있다. 이대로 해도 괜찮을까? 누가 나를 흉보지 않을까? 내가 한 것을 늘 평가받으려 하고 뒤돌아보면 본인만의 무기를 갖지 못하고, 나를 갉아먹는다.

　자기 검열과 달리 자기 위로와 자기 연민은 다르다. 이 둘은 새로운 경험을 하는 데 긍정적인 영향을 끼친다. 비록 실패했을지언정, 자신을 스스로 위로하고 새로운 동기부여를 하는 힘을 스스로와의 대화를 통해 얻기 때문이다. 이 세상에서 나를 가장 잘 아는 것은 누굴까? 부모도 아니고, 친구도 아니고, 여자 친구도 아닌 바로 나다. 자기 위로가 늘어나면 내 삶에 대한 안주로 여기기 쉽지만, 더 좋은 성과로 이어지는 지름길이 되기도 한다. 반대로, 내가 새로운 경험을 하는데 좋은 성과를 냈다면 자기 보상으로 이어질 수 있다. 화끈하게 나를 위해 1박 2일 호캉스를 한다든지, 평소에 너무 가지고 싶었던 가방을 산다든지, 먹고 싶은 비싼 음식

을 먹는다든지 스스로 '잘했다.'라고 심리적인 보상을 통해 동기유발을
위한 유효한 전략이다.

셀프리더십의 향상하기 위해서는 원하는 경험에 있어 목표를 항상 작
게 잡아야 한다. 처음부터 거창한 목표를 세워 그 목표를 달성하지 못한
다면 '역시 나는 안 돼.' 상실감과 죄책감에 시달린다. 목표를 작게 잡으
면 잡을수록 작은 성취로 이루어져 더 큰 성취를 만들 수 있다. 무언가
시도를 하다 실패, 시행착오는 누구에게나 오는 당연한 과정이다. 겸허
하게 받아들이고 꾸준히 하는 것이 답이다.

최근에 흥미롭게 읽은 책, 『세이노의 가르침』이라는 책에서도 세이노
는 말한다. "경험을 쌓는 과정에서 변명거리를 생각하면 끝도 없다. 이것
이 바로 안주다. 그냥 꾸준히 하는 자만이 남는다."라고.

내가 원하는 경험이 정해졌다면 정말 죽도록 열심히 하는 근성과 조금
의 운만 있으면 된다. 그럼 무조건 성공한다. 단, 노력과 별개로 내가 원
하는 경험에 근성 말고도 조금 더 빨리 가는 방법이 있다. 바로 그 분야
최고의 사람에게 찾아가 조언을 구하는 것이다. 최고라고 함은 기준이
사람마다 다를 수 있으니, 정의하자면 최소조건만 충족하면 된다. 그 최
소조건이란 조언을 구하는 나보다 그 분야에 있어 정량적으로 우월한 실
력을 갖추고 있어야 한다.

세 번째, 마지막으로 건설적인 사고와 의사결정이다. 내가 원하는 경험을 지금 하고 있다면 그 경험을 토대로 배운 내 사고를 확장해 현명한 의사결정을 하면 된다. 내가 한 경험을 토대로 작은 사업체를 낼 수도 있고, 새로운 아이디어를 생각해 내어 스타트업을 시도해 볼 수도 있다. 혹은 전혀 과거에는 관심이 없었지만 내가 한 경험들과 생각들을 좇아 색다른 길로 들어설 수도 있다. 여기서 중요한 것은 문어발식 선택은 하면 안 된다는 것이다. 1단계, 2단계를 비추어 내가 이것을 할 때 행복하고 좋아할 수 있는 일을 신중하게 선택해야 한다. 해보고 안 되면 어떤가? 후회 없이 해보고 안 되면 다시 1번부터 돌아가 셀프리더십으로 새로운 길에 도전하면 된다.

사람은 아침에 일어나서 저녁에 잠들기 직전까지 하루 평균 200번의 선택을 한다. 가령 나 같은 경우도 오늘 편의점에서 출근 전 "아침은 뭐 먹지?", "이번 선거는 누구 뽑지?", "이사할 새집의 블라인드는 어디서 하지?", "커피는 뭘 마시지?" 등등 수많은 선택을 했다. 사소한 이 선택들 가운데서도 조금 더 건설적이고 효율적인 사고를 통해 내 삶을 보다 의미 있게 만들어가야 한다.

네 번째, 마지막 자기 교정(피드백)이다. 내 의사결정과 행동의 결과에 대해 피드백하는 것이다. 그 피드백을 하는 당사자는 본인이 될 수도 있고, 조직 안에서 셀프리더십을 적용하고자 할 때는 타인(상사)이 될 수도 있다. 질타하는 단계가 아니고 나의 행동에서 부족했던 점, 개선해야 할 점을 공유하면 피드백하는 자와 받는 자간의 신뢰가 쌓인다. 이것이 반복되어 내가 하는 행동이나 경험들이 과거보다 더 잘 풀리게 된다.

이제 나만의 페르소나를 꺼내고 자신을 브랜딩해보자. 누군가에겐 큰 영감이고 귀감이다.

그렇다면 우리는 어떻게 내가 잘할 수 있는 것을 찾고, 보다 내가 가진 능력의 다양성을 높일 수 있을까? 내가 잘하는 것이 무엇인지 모르겠다고 한다면 일단 셀프리더십을 발휘하여 내가 많은 것을 시도해봄으로써 그것을 천천히 찾아가야 한다. 그것을 가장 빠르게 찾을 수 있는 효과적인 방법이 있다.

다른 사람들을 유심히 관찰하는 것이다. 집 안에만 틀어박혀 있으면 절대 발전이 없다. 우울증에 걸렸거나 공황장애가 걸렸다고 해도 똑같다. 일단 밖에 나가 햇빛을 쐬고 산책을 해야 한다. 그리고 집 밖의 다양한 사람들을 봐야 한다. 실제로 사람을 만나서 사회성을 기르고, 조언을 구하면 더 효과적이다.

성공한 사람들이나, 내가 조금이라도 관심 있는 분야에 두각을 나타내는 사람들에게 조언을 구해야 한다. 처음 시작했을 때의 서투름이나 두려움을 어떻게 이겨냈는지, 어떻게 더 발전시켜 나갈 수 있는지를 대놓고 물어보는 것이다. 가장 효과적이고 빠르게 그 분야에 있어 결실을 이룰 수 있다. 관심 있는 분야가 없다고 하면 상대방이 부담스러워하지 않는 내에서 주변 사람이라도 좀 더 주의 깊게 관찰하자. 옷은 어떤 옷을 입고, 취미는 뭐고, 직장이 끝나면 어떤 식으로 시간을 보내는지를 한번 보자. 그리고 어떤 것을 사고, 어떤 것에 더 시간상으로, 물질적으로 가치를 두고 있는지를 관찰하자.

근로소득을 제외하고 합법적으로 돈을 번다는 것은 말 그대로 남의 주머니에 있는 돈을 내 주머니로 옮겨오는 것이다. 그렇게 하려면 어디서 사람들이 돈을 쓰는지를 명확하게 파악해야 한다. 어떤 곳에 수요가 몰리는지 늘 관찰해야 한다. 요즘 트렌드는 뭐고, 왜 사람들은 저런 옷을 사지? 명품이 1,000만 원이나 하는데 저 명품은 어떻게 만들었길래 1,000만 원이나 하고도 사람들이 구매하지? 저 맛집은 분위기도 별로고 장소도 외진 곳에 있는데 왜 사람들이 늘 줄을 서지? 어떤 음식을 어떻게 만들었길래 저렇게 맛있지? 늘 고민하고 궁금함을 가지고 매사를 바라보는 것이다. 그 궁금증에 대한 해답을 정녕 찾지 못했다 할지라도 내 경험과 조금이라도 연관 지어 '나라면 이렇게 할 텐데', '이런 방법도 있지 않을까?' 단 1%의 가능성을 열어두는 빌드업을 할 수 있다. 그것이 곧 내 미래를 여는 시작이다. 삼성도 대구의 작은 상회에서 밀가루를 팔다 시작했고, LG그룹도 크림 통 500개를 만들어 팔다 번창해서 만들어진 기업이다.

왜 우리는 종로에 주얼리 시장에서 성공하지 못할 것으로 생각하는가?

왜 부러워만 하는가? 못할 것은 없다.

 부러움이란 무엇일까? 왜 현대인들은 늘 누군가를 부러워하며 살까?
대한민국은 전 세계에서 10위권의 경제력과 국가경쟁력을 가진 몇 안 되
는 국가다. 대한민국에서 태어났다면 행운을 타고난 것이고, 본인이 의
지만 있으면 아주 높은 확률로 의식주에 있어 걱정 없는 삶을 살아갈 수
있다.

 하지만 주변에 많은 사람이 충분히 괜찮은 삶을 살아감에도 불구하고
타인을 쉽게 부러워한다. 부러움을 넘어선 질투를 느끼기도 한다. 이 부
러움이라는 감정은 도대체 어디서 온 걸까?

 자본주의에서 개인에게 주어진 모든 상황은 상대적이다. 어떤 사람은
아무 노력 없이 한 번에 많은 부를 얻고, 또 어떤 이는 죽도록 노력했는
데 가난을 아직 못 벗어난 사람도 있다. 후자는 전자를 부러워한다. 왜
나한테만 이런 시련이 닥쳤는지 현실을 부정하고 자신을 자책하기 바쁘
다. 늘 화살은 자기한테 돌아온다는 것을 모른 채.

 모든 현대인에게 어쩌면 가장 익숙한 부러움이라는 감정에 대한 양면
적인 시각에 대해 말해보고자 한다.

 부러운 감정 자체는 궁극적으로 내 삶에 긍정적인 영향을 끼치는데,
그것은 바로 '동기부여'다. 부러움의 사전적 정의는 '남을 보고 자기도 그

것을 이루거나 가지고 싶은 감정'이다. 즉, 다시 말해 내가 현재 가지고 있지 않은 결핍에서 우러나오는 감정.

내가 천 원을 가지고 있다 치자. 그럼 똑같이 천 원을 가지고 있는 이를 부러워할까? 만 원, 오만 원, 십만 원 가지고 있는 사람들을 더 부러워할 것이다. 그럼 어떻게 될까? 나 또한 만 원, 오만 원을 벌고자 더 노력할 것이다. 그 어떤 방법을 써서라도 이 감정을 다시는 느끼지 않기 위해 인생을 더 치열하고 진하게 살아갈 것이다. 부럽다는 감정은 내 삶을 바꿀 수 있는 이유를 준다.

그뿐만 아니라, 생각지도 않은 영감을 얻는다. 예를 들어 내가 웹 개발자라고 해보자. 동기 웹 개발자가 UX 디자이너라는 전혀 다른 새로운 분야의 사람과 협업하여 혁신적인 마케팅 툴을 만들었다고 가정하자. 그것이 유명해진다면 나는 어떤 생각이 들까? 나는 웹 개발이 천직이라고 생각하고 여기에만 전념하며 살아왔는데, 능력 있는 디자이너와의 협업으로 큰돈을 벌었다면 나 또한 사고의 확장이 일어난다. 나라고 못 할 것이 없다. 왜냐? 나는 평생을 웹 개발자로 살아왔기 때문에 이 분야에 있어 전문적인 지식과 능력이 있고 얼마든지 새로운 가치를 창출할 수 있기 때문이다. 또 다른 100% 새로운 것이 아니라 할지라도 벤치마킹을 통해 2등 전략을 사용하거나 후발주자로 큰 성공을 이룰 수도 있겠다. 회사 중에도 후발주자로 진출해 글로벌에서 성공을 거둔 기업이 많다. 똑같이 베끼지만 않는다면 전혀 문제 될 것이 없다. 우리는 자본주의 세상에서 살고 있으므로 뭘 만들든, 뭘 창작하든, 소비자에게 이로움을 주기만 하면 된다. 소비자를 더 재밌게 이목을 끌고, 더 편리하게 하고, 삶에 도움을 줄 수 있다면 그 사람은 무조건 돈을 번다. 인간은 대개 이기적이기에 내가 경험한 것, 내가 가지고 있는 것, 내가 생각하는 것이 가장 우선이고 다른 사람들의 말과 행동은 참고만 할 뿐 크게 신경 쓰지 않는다. 회사에 나중에 입사하거나, 사업을 하거나 사회생활을 해보면 알 것이다. 본인이 생각하는 것보다 훨씬 더 다른 사람들은 본인에게 관심이 없다. 따라서 부러움이라는 감정은 나만 생각해 왔던 틀에 박힌 세계를 깨고 더 넓은 세상을 더 이롭게 하는 데 이바지한다.

또 부러움은 '나'라는 주체에 대해 더 잘 알게 된다. 나는 노래를 정말 잘 부르는 가수인데 전혀 관계없는 물리학자를 부러워할까? 나는 정적이고 진지한 사람이어서 내성적인 성향인데 유튜버가 백상예술대상에서 상을 받는 것을 부러워할까? 전혀 아니다. 부러움의 대상은 로또 1등에 당첨된 것과 같은 금전적인 문제를 제외하고는 대개 본인의 관심 분야에 한정한다. 나는 책 읽는 것을 좋아하기 때문에 작가들을 부러워하고, 게임을 좋아하는 사람은 프로게이머를 부러워할 것이고, 축구를 좋아하는 사람은 손흥민을 부러워할 것이다. 부러움이라는 감정은 내가 무엇을 좋아하고, 어떤 분야에 관심을 두고 있고, 앞으로 어떤 방향으로 삶을 살아갈지 명확하게 직접 알려준다. 내가 뭘 좋아하고 잘하는지 모르는 사람은 '어떤 주체를 부러워하고 있나?' 생각해보면 된다. 사람으로 살아온 이상 적어도 최소 한 분야에 부러움이라는 감정을 느꼈을 것이고, 그것이 곧 내가 관심 있는 분야, 좋아하는 분야다. 그쪽으로 내 삶을 발전시켜 나가려고 꾸준히 노력만 한다면 언젠가 그 부러움의 대상이 본인이 되어 있을 것이라 확신한다.

단, 부러움의 감정을 가지는 데 있어서의 장점 이 모든 것들에는 한 가지 전제가 있다. 여기서 끝내야 한다는 것이다. 부러움에서 그치지 않고 그것이 질투나 분노, 욕심, 스스로에 대한 열등감, 자책으로 감정이 발전된다면 결론은 단 하나다. '불행'밖에 없다. 그 어떤 길로 가도 그 삶은 불행하다. 부러움이라는 감정까지 기필코 끝내야 한다. 욕심을 예를 들어보자. 10억이 있는 사람들은 우리 모두 부자라고 생각한다. 그 부자는 100억을 가진 사람을 안 부러워할까? 무조건 부러워한다. 그 100억을 가진 사람도 500억을 가진 사람을 부러워한다. 앞서 열거한 분노, 욕심, 열등감은 한번 시작하면 끝을 모르고 계속되기 때문에 불행하다. 내 미래를 갉아먹는다. 무조건 '부러움'에서 끝내야 한다.

인스타그램을 요즘 안 하는 MZ세대는 거의 없을 것이다. 그들은 인스타그램을 통해 #OOTD #맛집 #셀카 등의 해시태그를 올리며 본인의 일상을 공유하는데 한가지 맹점은 그 사진들이 그들의 인생에서 가장 빛나는 일상이라는 것이다.

#OOTD(Outfit of The day의 약자)라고 해시태그를 지금 인스타그램에서 검색해 보자. 본인의 일주일 중 가장 멋있고 빛나는 옷을 입은 날이다. 나는 안다. 왜냐? 한때 인스타그램 중독 경험자이기 때문이다. 남의 인생의 하이라이트, 아주 찰나의 순간을 우리는 그것을 보고 부러움을 넘어 자멸감, 열등감을 느낀다. 이보다 시간 아까운 것이 있는가? 인스타그램과 같은 SNS는 부러움이라는 선순환의 감정을 분노, 자멸감, 열등감으로 이동시키는 지름길과 같다. 상대방을 폭력 없이 무력화시키는 것은 SNS만 한 것이 없다. 내가 취업준비를 할 시절부터 지금까지도 SNS를 끊은 이유다. 만약 그것이 담배같이 하루아침에 끊기 어려운 존재라면, 내 밝은 미래를 위해 조금씩 줄여나가는 연습이라도 필요하지 않을까.

결혼을 준비할 당시 느꼈던 것은 주위 많은 사람이 물어보는 것이 비슷비슷하다는 것이다. "집은 어디야? 돈은 얼마 모았어? 전세야 자가야? 집에서는 얼마를 보태주냐?" 등등 대개 이런 질문들을 대놓고 하기엔 본인들도 무안한지 어떤 한 주제에 대해 섞어서 은연중에 물어본다. 하지만 나는 알고 있다. 그것은 본인의 삶과 비교를 하기 위한 도구에 불과하다는 것을. 타인에게 이런 질문들을 통해 본인이 위안 및 안도감을 느낄 기회를 만든다는 것을. 자본주의에 살아가며 어쩔 수 없다고 생각하면서도 한편으로는 마음이 적적하다.

결핍에서 오는 이 부러움이라는 감정을 확장시키기보다 그냥 그대로 놔둘 수는 없는 걸까. 부럽다는 것은 그 말을 듣는 상대방도 내가 타인에게 부러운 감정이 드는 사람이라는 생각에 기분 좋아지는 선순환 구조를 만들 수 있다.

단 이렇게 하려면 어떻게 해야 할까? 답은 하나다. '나는 어디 수준에서, 어디까지 매사에 만족할 수 있나?'를 생각해보는 것이다. 나만의 기준이 명확해야 한다. 원룸에 살아도 본인이 만족한다면 그것은 성공한 삶이다. 나는 방 2개까지는 평생 불편함 없이 살 수 있을 것 같다. 〈나 혼자 산다〉에 나오는 코드쿤스트가, 유튜브에 나오는 스윙스가 3층, 4층 집에 산다고 해도 그냥 보고 흘리고 만다. 전혀 부럽지 않다. '청소하느라 힘들겠다' 이 생각까지도 든다. 나만의 만족 기준을 따져본다면 부러움이 곧 행복함으로 다가올 것이다.

그 누구도 내 인생을 대신 살아주지 않으며 나만이 내 기분을 통제할 수 있다. 그렇다면 적어도 내가 어떤 것에 얼마큼 만족하는지는 알아야 하지 않겠는가?

실행의 힘

대기업을 다닌다는 것은 현대사회에서 많은 의미가 있다. 앞서 생생한 면접 경험을 보면 알 수 있듯, 청년 취업률이 바닥을 찍고 있는 현재 대기업 입사 경쟁률은 기본 100:1이 넘을 만큼 힘들기 때문이다.

대기업에 다니면 저절로 안정감이 따라온다. 회사가 망하거나 천재지변이 있지 않은 이상 꼬박꼬박 평균 이상의 월급이 들어오며 맛있는 것도 먹고 사랑하는 사람들과 여행을 갈 수 있는 심리적인 안정감이 생긴다. 복지는 또 얼마나 좋은가? 구내식당을 포함해 계열사 할인, 헬스장, 사우나, 복지카드, 자녀학자금, 주거 지원 등 내 삶을 꾸려나가기에 이처럼 좋은 환경이 없다.

2년 정도 다닌 대기업 사원의 월급은 300~350만 원가량 된다. 누구는 많다고 생각할 수 있고 누군가는 대기업인데 생각보다 적다고 생각할 수 있다.

매달 받는 돈의 액수보다 무엇보다 가장 중요한 것은 명함이다. 나를 어떤 상황에서 누군가에게 소개할 때 가장 먼저 나올 수 있는 말이 '나 어느 회사 소속이야.'라고 말하면 다 정리가 된다. 내 회사가 어디에 있고 어떤 걸 만들고, 무엇을 하는 회사인지 부연설명이 필요 없다. 나를 소개할 수 있는 가장 강력한 수단이 '회사'가 되는 것이다. 그 명함 하나에 대기업 직원이라는 신뢰감이 쌓이고, 검증받은 사람이라는 인식이 사회에 깔린다. 실제로 같이 근무하는 직원만 보아도 전부 명문대에 실력이 출중하고 고스펙자들이 많다. 대기업 임원이 퇴직 후 중견기업 부사장이나, 고문으로 스카우트 제의를 받는 것처럼 실력과 인맥을 검증받아 새로운 일자리를 찾을 수도 있고, 사업을 하는 경우 일이 들어오기도 한다.

지인 결혼식에 얼마 전에 참석했다. 오랫동안 봐왔던 정말 친한 형이었고, 결혼식 10분 전에 도착해 형에게 축하한다고 인사를 하는데 옆에 형 부모님도 계셨다. 나는 형 부모님에게 우리가 어디서 만난 인연인지 설명하려고 하는데 갑자기 형이 '얘, 내가 저번에 말한 적 있지 아빠? ○○기업 다니는 애.'라고 하는 것이 아닌가. 기분이 뭔가 오묘했다. 나를 소개할 수 있는 수단은 참 다양한데 어디 다닌다는 말 한마디로 나의 모든 것을 평가당한 기분이었다. 나중에 알고 보니 부모님 세대는 회사 이름이나, 특징적인 것을 이야기할 때 기억을 더 잘하신다고 해서 일부러 그렇게 소개했다고 한다.

이처럼 부모의 기대도 무시할 수 없다. 아들, 딸이 대기업에 입사하면 부모님들은 신이 나(자식을 잘 키웠다는 생각에) 주변에 자랑하고 다니신다. 부모의 기대에 부응하는 삶만이 우리는 곧 효도라고 생각한다. 그래서 고민 없이 대학 졸업 후 누가 시키지 않아도 대기업에 입사지원서를 작성하는 것이다. 실제로 내 주변 모두가 그렇다.

자, 이제 평생 소득개념으로 접근해 보자. 이것을 계산하지 않는다면 미래에 대한 아무 생각이 없는 사람이다. 주체적으로 내 삶을 어떻게 꾸려나갈 것인지를 알기 위해서는 내가 얼마나 벌 수 있을지부터 알아보아야 한다.

성과급은 반영하지 않겠다. 지금은 많아 보이는 월급 300~350만 원. 하지만 이것은 마약과 다를 게 없다. 이 300만 원이 내 삶을 갉아먹는 족쇄이며 걸림돌이다. 갈수록 올라가겠지만, 넉넉히 500만 원으로 계산을 해도 20년을 앞으로 다닐 시 약 통장에 들어오는 돈은 10억 남짓이다. 서울에 아파트 한 채도 못 산다. 심지어 한 푼도 쓰지 않고 모았을 때의 얘기다.

퇴직해서 작은 사업이라도 한다 치더라도 평생을 회사 관련 업무만 했기에 사업에 제대로 알지 못한 채 큰돈을 투자하여 날려 먹기 일쑤다.

그렇다고 퇴사를 하자는 것이 아니다. 대기업? 회사원의 삶 자체가 안정되고 정말 좋다. 다니면서 시야를 넓히고 계속 시도해보아야 한다. 자신의 가치를 높여야 한다.

1장에 나온 새롭게 나를 설계하는 데 가장 근간이 되는 결론은 바로 실행력이다. 앞서 얘기한 셀프브랜딩의 자기 인식, 원하는 경험 찾기를 마쳤다면 이젠 딱 한 가지 남았다. 오직 실행만이 답이다.

아침에 운동하고 출근하는 사람들이 많다. 인터넷에는 '새벽에 일어나면 진짜 피곤해 죽는데 왜 그렇게까지 사는지 모르겠다.'라는 댓글이 수백 개 수천 개씩 달린다. 정작 이 사람들은 장담컨대 90% 이상 한 번도 안 해본 사람들이다. 맨날 늦잠만 자는 사람들이다.

글을 쓰고 싶으면 책상에 일단 먼저 앉아야 한다. 주제나 뭐든 아무것도 정해진 것이 없다 하더라도 일단 앉아야 뭐라도 쓴다. 뭐라도 쓰면 쓰면서 내가 하고 싶은 말들이 생각난다.

무엇을 실행할지는 고민하지 마라. 그냥 정말 사소한 것이라도 상관없다. 예를 들면 퇴근길을 오늘은 원래 가던 길이랑 다르게 걸어보는 것. 누군가에게는 정말 사소한 것일 수 있으나 이것도 안주하고 어느새 익숙해져 버린 내 삶의 작은 변화를 준다.

한 기관에서 우리나라 최고의 부자들을 상대로 조사를 한 적이 있다. 40대의 부자들을 인터뷰했는데 모두의 예상과 다른 결과가 펼쳐졌다. 그 사람들은 어릴 적부터 한 분야만 내리 파서 결국 원하는 성공을 이룬 것이 아니었다. 20대, 30대에 정말 많은 분야에 시도하고 실패하고 한 분야를 정해서 5년 이상 하다 보니, 실패의 경험이 쌓여 지금의 성과를 얻은 것이다. 이 세상에 내가 처음부터 무엇을 잘하는지 알고 그것을 발전시키는 사람은 별로 없다. 있으면 그 사람은 정말 행운아이며, 맘 편하게 그것에 집중하면 된다. 이것저것 부딪혀 보면서 좋아하고 잘하는 것을 조금씩 해 나가는 것이다.

퇴사가 아니라 업무에 관한 공부를 한다거나, 퇴근 후 수영하기, 아침에 5킬로 뛰기 등 아주 사소한 습관들을 하나둘 만들어보자. 회사에서의 성공과 퇴근 후 나만의 삶에서의 성공 둘 다 이룰 수 있다. 퇴근 후 넷플릭스만 보는 삶은 사실 식물인간과 다를 바 없다. 무엇을 배우고 내 잠재성을 찾고 뽐낼 때만 삶에 의미가 있다. 지금 나는 30대에 적어도 내가 어떤 일을 좋아하는지는 알게 되어 스스로 참 축복이라고 여긴다. 내가 브런치라는 플랫폼에 작가를 도전해보지 않았더라면 내가 글을 쓴다는 것을 좋아하는지도 모르고 평생 살다가 죽었을 것이다. 얼마나 생각만 해도 아까운가?

나를 소개하는 데 있어 명사가 되어서는 안 되고 동사가 돼야 하는 필요성을 많이 느낀다. 가령 '~를 좋아하는 사람, ~을 하는 사람' 식이다. 설령 그것이 꿈을 이뤘거나 성과가 드러나지 않았다 하더라도 나만의 주체적인 무언가를 지속해서 해 나갈 수 있는 사람이라는 인식을 명확히 상대방에게 전달할 수 있다.

제일 중요한 이유는 회사나 자영업, 사업가의 타이틀로 나를 계속 소개하다 보면 언젠가 회사를 그만두고, 사업을 더 이상 하지 않을 시 나는 아무것도 아닌 사람이 되기 때문이다. 직장은 그냥 겉으로 날 이때까지

감싸고 있던 옷이라고 생각하면 편하다.

예를 들어 '아, 이거 잘못되면 옷 벗어야 해.'라는 말을 드라마나 매스컴에서 많이 들어본 것처럼, 그냥 직업은 잠깐 옷만 벗으면 다 사라지는 것들이다. 진짜 내 모습이 아니다.

회사에 꾸준히 다니면서 배우고 또 배워 나만의 것을 철저하게 만들어가야 한다.

아래는 26살 미국에서 적었던 글귀다. 아버지는 지금 내 곁에 없지만, 아버지의 말과 내게 스스로 한 다짐은 평생 잊지 않는다.

카테고리 지정 안 됨

제목

쉬운 생각은 누구나 할 수 있지만 쉽게 온 만큼 쉽게 사라진다 누구나 할 수 있는만큼 나만의 것이 아닐뿐더러 조금만 변형이 돼도 쉽게 풀어내지 못한다 진짜 나만의 것을 만들어야 한다 매 순간 내 한계를 두눈으로 보며 한 뼘씩 성장해야지 아빠는 내게 후회없는 20대를 보내라고 했다 성공 못해도 좋고 몽땅 망해 돈이 없어도 좋으니 뭐든 도전해보라고 그게 20대랬다 덩규 화이팅

한국 귀국 하루 전 미국에서의 마지막 밤에 쓴 메모

무엇이든지 해본 사람만 안다. 아침 일찍 일어나는 것도 똑같다. 아침에 운동하고 난 뒤, 상쾌한 공기를 맞는 이 기분은 해보지 않으면 절대 모른다. 하기 전에는 그렇게 피곤한 짓을 왜 하는지 도저히 이해가 가지 않았는데, 직접 해보니 왜 아침마다 헬스장으로 사람들이 붐비는지 알 것 같다. 매사가 그렇다. 무엇이든 도전하기 전에 사람들은 겁부터 먹는다. 내가 잘할 수 있을지 의문을 가지고, 아직 정해지지 않은 결과에 불안해하며 시도하지 않는다. 하지만 설령 실패해도 그것은 기필코 다시 더 나은 방향으로 일어설 수 있는 자산이 된다. 지금 새롭게 무언가 도전해보고 싶은 것이 생겼는데 그것도 어쩌면 이러한 생각들이 있었기에 시도해 볼 수 있는 선순환이 아닐까.

실행은 그래서 위대하다. 일단 했으면 실패하더라도 내가 후회가 없다. 왜냐? 했는데 안 된 거니까. 열심히 했는데 단지 기회가 주어지지 않은 거니까.

실행에는 시기라는 것이 있다. 꼭 그때 해야만 하는 일들 혹은 하면 좋은 일들. 10대 때는 후회 없이 공부도 해보고, 20대 때는 교환학생을 꼭 가봤으면 하고, 연애를 해 봤으면 하고 등등. 그때를 놓치면 아주 높은 확률로 미래에 할 수 없는 것들은 크게 고민 없이 생각도 하지 말고 해야 한다.

다만 여기서 문제가 있다. 사람은 탐욕적인 동물이라 내가 어떤 것을 행할 때 그것이 시간이든 돈이든 투자를 하게 되고, 이에 맞는 즉각적 보상을 바란다는 것이다. 혹은 내가 지금 가지고 있는 것에 대해 최소 잃지 않기를 원한다. 가령, 브런치에 오늘 가입한 사람이 있다 치자. 책도 출간하고 싶고, 조회 수도 높길 바라고, 구독자도 많고 싶고. 유투버도 그렇다. 당장 영상 하나를 올려서 누구처럼 유명해지고 싶고, 돈도 많이 벌고 싶고… 우리는 대개 자신이 노력한 과정에는 늘 관대하고 결과에는 과한 기대를 한다.

최근 여행유투버 곽튜브도 라디오에 나와 100억 썰에 대해 해명했다. 유투버가 돈을 얼마나 쉽게 번다고 생각하면 3년도 안 되어 100억을 번다고 생각하냐며. 100억이 누구 이름도 아니고….

실행을 하되, 실행에는 늘 고요함이 자리해야 한다. 소위 말하는 '떡상'만 기다리기엔 우리에겐 시간이 없다. 이 떡상이라는 기회자체도 고요함이 있는 사람에게 운이 가는 법이다. 즉각적인 화려한 보상은 즉각적으로 다시 내 곁을 떠난다. 쉽게 온 것은 늘 쉽게 신기루처럼 사라지는 법이다. 역대 로또 1등 당첨자 중, 패가망신한 사람들도 꽤 많지 않은가.

그렇다면 내가 말하는 고요한 사람이란 뭘까? 자극적인 물질적&정신적 결과에 맞서 묵묵히 내 것을 해나가는 사람이다. 한국인의 냄비근성에 이슈화가 되지 않아도, 인터넷뉴스의 자극적인 제목으로 어그로를 끄려는 기자의 마인드가 아니라 무관심 속에서도 그냥 내 것을 계속해 나가는 것. 이게 진짜 고요함이다. 이것이 가장 어렵다. 가장 외롭고 고독한 싸움이며 이걸 이겨낸 사람들이 지금 각자의 위치에서 최정상 즉, 셀러브리티로 자리하고 있는 것이다.

2등 상품은 절대 1등 원조를 이길 수 없다. 불닭볶음면이 인기가 많고, 매출이 좋다고 그걸 그대로 따라 만든 불낙볶음면이 잘 팔렸는가? 조금 유명하다고 광고를 수십 개 받으며 본인이 원하지 않는 영상을 올리는 유튜버를 본 적이 있을 것이다. 그들은 점점 본인의 정체성을 잃어가고 조회 수, 구독자는 급락한다. 당장 돈 앞에 눈이 멀어 어찌 롱런할 수 있다 생각하는가? 이 세상 모든 원조들은 본연의 것을 소중히 지켜가며 고요하게 앞으로 나아간 것이다.

스카이다이빙을 얼마 전에 했다. 올라갈 때는 조용히 올라가다 내려갈 때는 엄청난 소음과 차가운 공기를 맞으며 급격한 속도로 떨어진다.

9.11 테러영상을 유튜브로 봤다. 건물이 무너질 때는 엄청난 소음과 먼지, 연기가 자리한다.

우리는 비행기를 타고 천천히 올라갈 때나, 건물을 하나씩 쌓는 데는 아무도 주목하지 않는다. 그것이 고요함이다. 이 고요함 속에서 우리는 성장한다.

가짜들은 엄청난 폭발력, 스카이다이빙의 짜릿한 하강이나 건물이 무너지는 괴음 우리를 자극시키는 결과에만 주목한다. 하수들이다.

고요함을 겸비한 실행만이 우리를 성장시킬 수 있다.

그럼 언제 해야 하는가? 정답은 누구나 알고 있다. '지금' 해야 한다. 나이가 들면 챙겨야 할 사람이 많아지고, 아이가 생기면 모든 에너지를 아이에게 쏟는다. 머리는 점점 더 굳어가고, 나만의 아집에 갇혀 스스로를 합리화한다.

특히 가진 것이 많아지면 잃을까 봐 두려워 도전을 꺼리게 된다. 아무것도 없는 사람이 광기를 가지고 덤벼들면 무서운 이유가 그것이다. 그들은 잃을 게 없어서 두려움이 없다.

늙고, 병들고, 대출이자를 내는 데 매달 허덕일 때 도박을 하긴 쉽지 않다. 왜 꼭 방어막이 높을 때에만 다칠 각오를 하는 것인가.

더 넓은 시야 가지기

이름

📄 2019 포스코인터내셔널 최종합격자자소서.hwp
📄 2019 하반기 대구택 최종합격 자소서.hwp
📄 2019 하반기 코카콜라음료 서류합격자소서.hwp
📄 2019 하반기 한화에너지 서류합격자소서.hwp
📄 2020 상반기 BGF에코바이오 서류합격자소서.hwp
📄 2020 상반기 네이버웹툰 서류합격자소서.hwp
📄 2020 상반기 일동히알테크 서류합격자소서.hwp
📄 2020 하반기 기업은행 최종 합격자소서.hwp
📄 2020 하반기 동원그룹 서류합격 자소서.hwp
📄 2020 하반기 스타벅스코리아 서류합격 자소서.hwp
📄 2020 하반기 우리은행 서류합격 자소서.hwp
📄 2020 하반기 인바디 서류합격 자소서.hwp
📄 2020 하반기 제일기획 서류합격자소서.hwp
📄 2020 하반기 한국항공우주산업 서류합격 자소서.hwp
📄 2020 하반기 현대자동차 울산공장 서류 합격자소서.hwp
📄 2020상반기 CJ대한통운 서류합격 자소서.hwp
📄 2020상반기 GS글로벌 서류합격 자소서.hwp
📄 2020하반기 경남은행 최종합격자소서.hwp
📄 2020하반기 국민은행 글로벌IB 서류합격자소서.hwp
📄 2020하반기 부산은행 서류합격 자소서.hwp
📄 2020하반기 삼성전자 서류합격자소서.hwp
📄 2020하반기 풍산 서류합격 자소서.hwp
📄 2020하반기 하나은행 서류합격 자소서.hwp
📄 2021상반기 IBM코리아 서류합격자소서.hwp
📄 2021현대글로비스 서류합격자소서.hwp

이름

📄 2020 상반기 한국자산관리공사(캠코) 청년인턴 서류합격 자소서
📄 2020 하반기 한국무역보험공사 경제학 서류합격 자소서.hwp
📄 2020 하반기 한국주택금융공사 경제학 서류 합격 자소서.hwp
📄 2020 하반기 한국해양진흥공사 경제 서류합격 자소서.hwp
📄 2020 하반기 한국해외인프라도시개발지원공사(KIND) 경제 서류
📄 2019 하반기 서울신용보증재단 서류합격 자소서.hwp
📄 2019 하반기 한국국제협력단 제2외국어 전형 서류합격 자소서
📄 2020 하반기 한국에너지공단 서류합격 자소서.hwp
📄 2020 하반기 중소벤처기업진흥공단 해외사업 서류합격 자소서
📄 2020 상반기 한국방송광고진흥공사 광고기획 서류합격 자소서
📄 2020 하반기 한국남부발전 통합전공 서류합격 자소서.hwp
📄 2020 하반기 한국농어촌공사 경제학 서류합격 자소서.hwp
📄 2020 하반기 신용보증기금 서류 합격 자소서.hwp
📄 2020 하반기 한국토지주택공사 LH 서류합격 자소서.hwp
📄 2020 하반기 한국예탁결제원 경제학 서류합격 자소서.hwp
📄 2019 하반기 한국남동발전 서류합격 자소서.hwp
📄 2020 하반기 주택도시보증공사 서류합격 자소서.hwp
📄 2020 상반기 한국소비자원 서류합격 자소서).hwp
📄 2020 하반기 한국수출입은행 경제학 서류합격 자소서.hwp
📄 2020 상반기 에너지경제연구원 서류합격 자소서.hwp
📄 2020 하반기 한국산업기술시험원 해외인증 분야 서류합격 자소
📄 2020 하반기 한국동서발전 청년인턴 서류합격 자소서.hwp
📄 2020 하반기 한국전력공사 해외사업 서류합격 자소서.hwp

—
2019년 자기소개서를 쓴 목록의 일부

삶은 곧 방향성임을 실감한다. 취업준비생 시절 내가 무엇을 좋아하며 사는지 알았더라면 그것만 집중해서 했을 텐데, 결국은 몰라서 오래 돌고 돌았다. 미국에서의 갭이어와 같은 시간을 나는 1년이 아닌 무려 2년 반 동안 했다.

그때의 시절이 없었다면 물론 지금의 내 삶도 없었을 테지만, 그때 명확한 방향성을 가지고 삶을 살지 않아 온 것에 대한 후회가 막심하다.

꿈이 있는 사람은 행복하다. 그 꿈을 향해 끝없이 도전할 수 있는 활력과 내일이 더 기대되는 희망, 나아지고자 하는 삶의 이유가 있기 때문이다.

꿈과 내가 나아지고자 하는 방향을 확실하게 정하면 늦게라도 반드시 그곳에 도달한다. 도달을 넘어 그 자리에 갔을 때 또 다른 길이 보이고, 또 새로운 기회가 찾아온다.

세상에 돈을 벌 수 있는 수단은 매우 많다. 특히 몸을 쓰는 일이나, 편의점 아르바이트, 파리바게뜨의 매니저는 사람이 없어 매일 구인공고를 업데이트한다. 2030들은 남들이 듣기에 다 있어 보이고 멋있어 보이는 직업만 찾는다는 반증이다.

회사에 입사해서도 똑같다. 내 직무가 만약 나와 적성이 안 맞는다면 어떻게 해야할까? 이직하거나 그것이 여의치 않은 상황이라면(이미 다른 곳에 합격한 곳이 없거나, 경제적으로 준비가 안 되었거나 모두 해당)

팀을 바꾸는 것이 좋다. 남들이 적응하지 못해 떠났다는 비난을 절대 두려워하지 말자. 사람들은 나의 인생에 크게 관심을 두지 않는다. 그저 내 인생과 상관없는 일이기에 한마디씩 덧붙이는 것이다. 팀을 옮겨서 새로운 일을 해보면 그것이 나와 내 적성에 잘 맞을 수 있고, 새로운 일을 하는 것이기에 오히려 더 삶의 활력을 가져다줄 수 있다. 안 맞는 것을 억지로 붙잡고 있는 것은 나에게도 손해고 회사 차원에서도 손해다.

최근에는 많은 회사에서 부서별 직무 경험 희망자 모집을 통해 직무를 경험해 볼 수 있는 프로그램이나, 사내공모 관련 프로그램이 있으므로 이 기회를 잘 이용해보자.

중간에 쉬었던 1년을 제외하면, 약 4년 차 직장인으로 지내며 드는 생각은 타성에 젖어 주변을 돌아보지 못했다는 것이다. 지금까지 세상에서 돈을 버는 방법은 직장을 다니는 것이 전부라고 생각했다. 직장인의 삶만 경험했기 때문이다. 직장을 다니면 주변인들 또한 직장인들로 가득 찬다. 회사 업무 때문에 우리 팀원들의 번호를 저장하고, 9시부터 6시까지 회사에서 일을 하고, 회식하고, 집에 오면 잠자리에 들고, 내일 또 쳇바퀴 같은 삶을 산다. 주말을 제외하면 현재 내 인생의 85% 이상은 회사이기에 주변인들도 자연스레 회사원으로 채워진다. 이것도 4년이 지나고 나서야 전화번호부를 훑어보며 알았다.

회사에서 만나는 사람뿐 아니라, 밖에서도 똑같다. 회사에 다니는 친구들과 더 가깝게 지낼 수밖에 없다. 서로의 공감대를 형성할 수 있기 때문이다. 서로의 회사에 관해 이야기하고 비교하고, 직장상사나 회사에서의 스트레스를 서로 위로하면 자연스레 더 관계가 돈독해진다.

이처럼 직장이 아니더라도 늘 다양한 사람들과 교류를 생활화하고 생각을 열어놓아야 다양한 기회가 온다. 이 자본주의 사회에서 경제적으로 자립하기 위해서는 우물 안 개구리가 되면 안 된다. 눈에 보이는 것만 믿되, 주변을 열어놓고 전체의 숲을 보는 노력이 중요하다.

가장 먼저 시야를 넓히고 기회를 찾기 위해서는 내가 직접 무엇을 이룰 수 있는지를 생각해야 한다.

가지고 있는 부동산 몇 채가 폭등해 자산가가 된 팀장님이 계신다. 작년에 코인으로 1억을 넘게 번 친구도 있다.

나는 그 팀장님과 친구가 단 한 번도 부럽다고 생각한 적이 없다. 모든 열매와 결실은 고된 노력 끝에 이루어야 한다.

산 정상에서 먹는 컵라면이 더 맛있고, 3km 달리기 끝에 마시는 물이 더 달콤하듯, 뭐든 내가 직접 이루어내야 한다. 30대 초 나이는 이래서 굉장히 중요하다. 지금 무언가 결정하고 시작해야 시간이 지나 값진 결실을 이룰 수 있다.

오르지 못할 나무인 것을 알면서도, 실제 그 나무에 올랐을 때의 성취감과 쾌감은 그 무엇으로도 바꿀 수 없다.

둘째, 사람들이 무엇을 원하고 사는지 본질에 집중해야 한다. 글이나,

음식이나, 옷이나, 세상만사가 똑같다. 독자들이 읽고 싶은 글을 써야 하고, 사람들이 멋있어하는 옷을 입어야 하며, 사람들이 맛있어하는 음식을 만들어야 돈을 버는 세상이다. 늘 사람들을 눈여겨보고 어떤 관심사를 두는지 관찰해보자. 더 나은 아이디어, 색다른 시각들이 보인다. 늘 본질에 집중해야 한다. 음식점 인테리어가 너무 이쁜데 정작 음식이 맛없다면 그곳엔 손님이 없을 것이다. 옷의 재질은 너무 훌륭하지만, 옷이 이쁘지 않다면 손님들은 그 옷을 살까? 수요가 몰리는 데에는 이유가 있다.

셋째, 냄비근성을 버려야 한다. 넷플릭스 〈더글로리〉에서 연진이의 어릴 적 모습을 보며 공감 가는 것이 있다. 역 안에서는 아기가 하늘을 하늘색으로 그리지 않고 다른 색으로 그리면 주위 사람들이 이 색이 아니라며 나무란다. 이솝우화에서도 하나의 동물이 색깔만 다르게 태어났다는 이유로 왕따를 당하고 외면당하는 일이 비일비재하다. 한편으로는 노루 중에 흰색 노루는 '전설 속 영물'이라고 불리며, 등장과 함께 뉴스 1면에 날 정도로 사람들의 이목을 끈다. 지난번 통도사에서 봤던 금개구리도 마찬가지다. 기존과 다르다고 해서 외면받는 것이 아니라 더 칭송받고 행운을 가져다주는 요소로 인식하기도 한다. 이 모호한 기준을 어떻게 정의할 수 있는가? 각자가 가진 우리의 개성과 획일화에 대한 양면성에 대해 말해보고자 한다.

사람들은 늘 말한다. 각자만의 개성을 가지는 것이 인생을 보다 주체적으로 계획할 수 있고, 남들과 다른 본인만의 경쟁력을 키울 수 있다고 말이다. 해외에서 단 한 번이라도 체류해 본 사람들은 알 수 있다. 각자 남에게 피해를 주지 않는 선에서 본인만의 삶을 대하는 바이브와 철학을 자유롭게 뽐낸다. 남 눈치를 보지 않는다. 내가 웃통을 벗고 조깅을 하고 싶으면 하는 거고, 초록색으로 염색을 하고 싶으면 하는 거고, 자퇴하고 싶으면 하는 것이다.

하지만 대한민국은 여태껏 겉으로는 본인의 개성을 강조하면서도 철저히 시스템 안에서 각자의 개성을 묵살해 왔다. '민족중흥의 사명을 딛고 이 땅에 태어났다.'라는 유신체제의 박정희 대통령 때의 유신헌법을 보면 알 수 있다. 모두가 똑같은 생각을 하고, 똑같이 주어진 사회에서 머리는 몇 cm 이상 기르면 안 되고, 치마는 일정 기준 이상 짧으면 바로 경찰서로 가는 시대를 우리는 살아왔다. 어쩌면 개성을 드러내는 것은 곧 불법이었다. 수업 중 질문 하나 하는데도 남 눈치를 보는 한국인인데 말 다한 것이 아닌가.

유신체제를 경험한 적은 없지만 내 경험을 비추어봐도 마찬가지다. 초등학교 때는 본인의 개성을 드러내라고 선생님께 배우며, 중고등학교 때 다 같이 교복을 입던 시절은 "남들과 똑같이 시키는 것만 하라."라고 강요받는다. 이렇게 큰 우리는 대학교에 입학하면 "본인의 개성을 마음껏 드러내세요."라며 다시 자유를 만끽하게 해 준다. 중고등학교 6년간 자유를 억압당한 우리는 무엇을 해야 노는 것이고, 무엇을 해야 개성을 드러내는 건지 모른다. 그래서 고3 수능이 끝난 학생들은 정작 놀라고 해도 뭘 해야 할지 몰라 남는 시간을 허비하기 싫어 운전면허학원을 등록하거나, 친구들과 밤새 모여 술만 마신다. 이렇게 살지 말고, 세상에 대한 관점을 달리 먹어야겠다는 생각을 했다. 이 세상에 돈 버는 법이 정말 다양하다는 것을 느꼈다. 그것을 알려면 늘 부단히 내 경험과 지식을 축적해야 한다. 사람들이 무엇을 진정으로 원하는지 알기 위해서는 그 분야 최고의 전문가에게 '조언을 구하는 것'도 효과적인 도움이 된다. 여기서 중요한 것은 그 분야에 있어 수치상으로, 객관적으로 나보다 훨씬 우수해야 한다는 것이다. 최고의 전문가를 만나는 것이 어렵다고 생각하는데 페이스북이나 메일을 통해 몇 번이나 '존경한다, 커피 한잔 대접하고 싶다.'라고 이야기하면 웬만하면 그 노력이 가상해서라도 한번은 만나준다고 한다. 내 친구는 실제로 한 달 동안 매일 메일을 보내 '배달의민족' 김봉진도 만난 적이 있다.

꼭 최고의 전문가가 아니더라도 나보다 배울 게 있는 그 분야의 전문가에게 조언을 구하면 새로운 길을 여는 데 있어 훨씬 효과적으로 시작할 수 있고 처음의 실패, 시행착오를 줄일 수 있다.

내가 삶의 중심이 되어라

인생은 나로부터 바라봐야 하며, 나보다 중요한 관계는 세상에 존재하지 않는다.

내 인생에서 가장 후회되는 순간을 꼽으라면 언제일까? 죽기 전 인생을 돌아볼 때 달력의 한 면처럼 떼어내고 싶은 연도가 있다면 언제일까? 세월이 흘러도 이때밖에 생각나지 않을 것이다.

바로 2011년 대학교 새내기 20살 때다. 당시 나는 누구나 그렇듯, 고3의 해방감에 부풀어 올라 자유로운 대학 생활을 꿈꾸고 있었다. 맨날 보던 고등학교 친구들과는 달리 대학교라는 울타리 안에서 다양한 사람을 만났고 이는 모든 사람에게 좋은 사람으로 비쳐야 한다는 강박감이 있었다. 그렇게 사는 게 맞다고 여겼다. 심적으로나 체력적으로나 나 자신을 갉아먹으면서까지 남에게 잘 보이려고 애썼다. 특히 우리 과는 유독 군기가 센 학과였는데, 선배들에게 어떻게든 잘 보이려 주말을 늘 반납해야 했으며 수업이 끝나면 술을 먹으러 다니기 바빴다. 단체 뒤풀이나 행사에 빠지는 게 그땐 왜 그토록 두려웠을까? 좋아하지도 않던 술을 밤마다 억지로 마시고 집에 돌아가는 길이 왜 그렇게 허무했을까? 지금 생각하면 그 선배라고 하는 사람들조차 어쩌면 머리에 피도 안 마른 사람들인데 그땐 왜 그렇게 하늘같이 보였는지. 당연히 그때 투자했던 내 시간과 돈은 의미 없이 새하얗게 사라졌고 지금은 선배들 그 누구와도 연락이 닿질 않는다. 어디서 뭘 하는지 궁금하지도 않다. 잘살고 있다 하더라도 질투나 시샘조차도 없다. 아예 관심 자체가 없으니까.

그때를 가장 후회하는 날로 꼽는 이유는 단 한 가지다. 바로 내 인생이 없었기 때문이다. 나는 내가 무엇을 좋아하는지, 무엇을 잘하는지 내 색깔조차 찾지 못하고 있는데 뭐가 아쉬워서 남의 눈에 이끌려 다녔나? 이처럼 우리는 타인의 시선에서 늘 자유롭지 못하다. 자유롭다고 스스로 자칭하는 사람들은 회사에서나 학교에서나 행동이 버릇없다고 욕먹기 일쑤다. 동방예의지국, 유교의 나라라고 치부하기엔 이 잘난 것 하나 없는 현실을 그대로 받아들이는 말밖에 안 된다. 눈치 보며 하고 싶은 것을 못 하는 것보다 이게 백배 천배 더 나음을 왜 사람들은 모르는 걸까. 인생은 딱 한 번뿐이다. 죽어서 환생을 한다 해도 사람이 아닌 개구리로 태어날 수도 있는데 하고 싶은 걸 못하고 죽으면 얼마나 억울한가. 타인에게 피해를 안 주는 선에서 그 시선에서 벗어나야만 내 인생을 만들어갈 수 있다.

우리가 사진을 찍는 이유가 뭘까? 추억으로 남기기 위함이다. 시간이 흘러 우리 뇌가 그때의 소중하고 행복했던 기억을 서서히 잊어갈 때쯤 사진을 통해 다시 행복을 꺼내는 것이다. 하지만 우리는 사진을 남에게 보여주기 위해 찍는다. 근사한 호텔에 가야 하고, 주말마다 오마카세를 먹어야 하며, 외제 차를 몰아야 한다. 골프 라운딩을 하러 가서는 여러 번 온 것처럼 보이기 위해 화장실에서 2~3번 옷을 갈아입어야 한다. 그러고는 2주에 한 번씩 아껴두었던 사진을 인스타그램에 올린다. 이유는 딱 하나다. 남들에게 부자처럼, 성공한 사람처럼, 멋있는 사람처럼 보이기 위해. 그 인정받는 기준은 좋아요와 댓글 개수로 삼는다.

내가 진정으로 행복해지기 위해서는 아름다운 풍경 앞에서, 행복한 순간 앞에서 눈으로 담아야 한다. 좋아하는 가수의 콘서트를 가서는 내 눈으로, 내 귀로 직접 보고 들어야 한다. 더 행복감을 느끼고 기억에도 더 오래간다. 그까지 힘들게 돈 주고 가서 영상을 찍으며 핸드폰 영상에 담긴 가수를 볼 이유가 없다. 시간 낭비, 돈 낭비다.

내 눈에 보이는 걸 믿자. 타인의 눈에서 벗어나자. 한결 마음이 편해짐을 느낄 것이다. 점심시간에 혼밥을 하러 식당에 한번 가보자. 처음에는 부끄러울지라도 정말 놀라운 사실은 주변 사람들 그 아무도 본인을 신경 쓰지 않는다. 남을 의식하며 사는 것은 가짜 인생이다. 타인이 눌러주는 좋아요는 진짜 관심이 아닌 습관적인 의미 없는 클릭일 뿐이며 신기루다. 정작 그들은 내가 어디서 무엇을 했는지, 누구와 함께했는지 관심이 없다. 내 사진과 영상에 투자하는 시간은 길어야 5초다.

이 모든 걸 느낀 계기가 있었다. 어느 날 SNS에 내가 팔로우한 명단을 보다 이름 석 자가 기억이 안 나는 누군가를 한참 보며 이건 아니다 싶었다. 회사도 똑같다. 평판에 목숨 걸고 상대방이 나를 어떻게 생각하는지에만 몰두하면 정작 진짜 중요한 것을 놓치고 만다. 회식에 불려 다니며, 윗사람한테 아부하는 것은 당장은 좋게 보일지라도 정작 시간이 흘러 나에게 돌아오는 것은 아무것도 없다.

'이 회사에 다니면 남들에게 인정받을 수 있겠지.' '이 옷과 신발을 신고 사진을 찍으면 멋져 보이겠지!'

'나'라는 존재 자체가 퇴색돼버린, 어쩌면 본인의 인생을 살지 못하는 사람들의 안타까운 생각이다.

남들이 이 휴가철에 해외여행을 간다고 나도 가야 하는가? 안 가면 뒤처진 느낌이 드는가? 친한 형은 34세가 넘도록 아직 한 번도 해외여행을 가지 못하고 강릉이나 부산만 가 봤다고 한다. 내가 그 이유를 묻자, 해외여행 가는 남들이 부러웠지만, 본인은 부산, 강릉을 그 누구보다 좋아하고 그 순간 행복했다고 한다. 이게 맞다. 행복했다면 남 눈치 보지 말고 내가 좋아하는 그곳에 한 번 더 가면 된다. 난 집에서 쉬는 걸 좋아한다면 그냥 집에서 쉬면 된다. 아무도 신경을 안 쓴다.

우리는 오로지 나의 기준에 맞추어 인생을 살아가야 한다. 누가 뭐라하든 내 인생에만 초집중하는 삶을 사는 것이 오히려 개성이 더 빛나고,

유니크하고 대체 불가능한 사람이 될 수 있다는 것을 잊지 말아야 한다.

　나의 기준에 맞춰 살아갈 때 피해야 할 것이 있는데 그건 바로 소문이다. "누가 뭘 했대.", "걔는 이래서 이혼을 했대.", "진짜 성격이 별로래.", "이렇게 하면 다 돈을 번대." 등 우리는 남의 입에서 수없이 검증되지 않은 말들을 듣고 산다. 진짜는 그 소문의 본인만 알고 있다. 소문은 대체로 늘 과대평가된다. 이는 소문을 퍼트리는 그 순간 그들만의 재미나 분위기를 올리기 위해 그럴 수도 있고, 은연중 본인이 싫어하는 소문 당사자에 대한 악의를 드러낸 일일 수도 있다. 그 소문을 믿는 자, 퍼트리는 자 모두에게 실익이 단 1도 없다는 사실을 꼭 명심해야 한다. 거기에 개입되는 순간 시간이 지나 화살은 나에게 온다. 늘 말수를 줄이고 내 눈에 보이는 것만 믿자.

　몇 년 전 회사에 다닐 때 주말에 보통 뭘 하느냐는 한 선배의 말에 영어 공부를 한다고 말한 적이 있다. 그 말은 곧 다른 사람에게 "토익을 공부한다더라.", "토익을 몇 점 더 올리겠다더라.", "주말마다 시험을 보러 다닌다더라."라고 퍼져서 정작 최종적으로 내 귀에 들어온 말은 "쟤 이직 준비한대."였다. 충격적이었다.

　온전히 나로 살아가는 데 시간과 돈을 초 집중하자. 경제적 자유를 이룬 사람들이 가장 중요하게 생각하는 것은 돈과 시간 이 두 가지다. 극단적으로 친구도, 가족도 모두 배신할 수 있지만, 이 둘은 절대 배신하지 않는다. 나에게 집중하는 시간을 늘리는 삶의 태도만이 내 삶의 변화를 일으킬 수 있다.

이별 연습

최근 한 연예인의 극단적인 선택 소식이 뉴스 1면을 채웠다. 그는 일이 있기 전 이틀 전만 해도 SNS에 웃는 사진을 올리고, 주변 사람들과 잘 지내는 모습을 보여줘 우리를 더 충격에 빠트렸다.

온전히 내 경험을 빗대어 이 모습을 이해하자면 일상생활에서 더 많은 슬픔과 고통을 안고 있는 사람은 오히려 더 밝은 티를 낸다. 내가 우울하면 상대방에게도 우울한 얘기를 하게 되고 상대방까지 우울하게 만들기 싫어 더 밝은 척을 하는 것이다. 웃는 얼굴 뒤에는 깊은 우울함이 숨겨져 있다.

주변에 더 잘 웃고, 밝고, 리액션도 좋은 사람이 곁에 있다면 더 사랑해 주고 보듬어주자. 상처가 많은 사람이다. 더 과한 리액션과 표정으로 사람들을 대하면 아무 문제 없는 사람으로 사람들에게 인식된다. 나에게도 12년 전 큰 아픔이 있었고, 그 모습을 인위적인 밝은 모습으로 이겨내고자 했다. 그것이 지금 내 주변 사람들에게 '쟨 뭘 해도 밝은 아이.'라는 이미지를 주게 된 것이다.

이러한 행동의 장점은 내 우울함을 철저히 숨길 수 있다는 것과 원만한 사회생활을 할 수 있다. 반면 치명적인 약점이 2개 있다.

첫째로, 바로 내 감정을 인위적으로 강제적으로 억누름으로써 마음의 병이 온다는 것이다. 내가 지금 느끼고 있는 감정은 그렇지 않은데 가면을 쓰고 상대방을 대하게 되면, 하루 이틀은 괜찮으나 마음에 안 좋은 신호가 온다. 정신과 육체는 서로 연결되어 있기에 마음이 안 좋으면 몸도 당연히 아프다. 실제로 마음이 좋지 않을 때는 수면도 불규칙하고 입맛도 없어서 나는 정말 힘들 당시 5킬로나 빠졌다. 이러면 본인이 마음을 치유할 수 있는 행동을 해서 무조건 풀어내야 한다. 나는 초록색과 뻥 뚫려있는 것을 좋아해 주로 산에 많이 갔다. 높은 곳 정상에서 아래를 바라보면 마음의 응어리가 풀리는 느낌이 들었다.

둘째, 주변의 도움을 전혀 받지 못한다는 것이다. 며칠 전 발생한 연예인의 사건만 돌이켜보아도 그에게 하루아침에 이런 일이 발생할 것이라고는 그 누구도 상상도 못 했다. 전조증상은 물론 있었다. 웃으며 '힘든데 잘 이겨낼게요.'라고. 유튜브 라이브에서 요즘 어떠냐고 묻는 한 팬의 질문에 대한 대답이었다.

이처럼 그가 힘들어했다는 것을 말하지 않으니 아무도 모르는 것이다. 사전에 내가 힘들다는 것을 알리면 친구, 가족, 주변인 등 주변 사람들에게 심리적으로 도움을 받을 수 있고 필요하면 전문가의 상담 또한 가능하다.

'내가 말하지 않아도 내 소중한 사람들은 내 마음을 알아주겠지.' 이건 정말 위험한 생각이다. 절대 그 아무도 모른다. 무조건 말해야 한다.

20~30대에의 삶에서 가장 가변성을 띠면서도 중요한 것은 직장(혹은 돈을 버는 수단, 인간관계(연인 포함)다. 어느 하나라도 문제가 생기면 당장 내 인생에 타격이 있기에 이 두 가지에서 보통 심리적 변화가 짙다. 나 또한 20대~30대 취업 문제로 우울함을 많이 겪었으며, 여자 친구와의 이별도 나를 너무 고통스럽게 했다. 늘 영원할 것만 같던 것이 한순간에 사라진다는 것은 내 심장 한쪽을 도려내는듯한 고통이다.

우리는 모두 대한민국에서 힘들면 안 되고 항상 다 이겨내며 나아가야 한다는 낙인을 짊어지고 산다. 중간에 무너지면 그것은 잘못된 것이고, 이 정도는 남들도 다 하고 겪어온 것들이니 나 또한 이겨내야 한다고 사람들은 당연하듯 말한다.

하지만 사람마다 고통을 받아들이는 정도가 다르고, 내면의 힘이 다르며, 나아가는 속도가 다르다. 이별해도, 취업에 낙방해도, 내가 하고 싶은 꿈이 좌절돼도 충분히 그때는 힘들어해도 된다. 힘들다는 모습을 보이면 안 된다는 낙인에서 벗어나야 한다.

대체로 이런 끔찍한 일은 오랜 생각과 고민에서 발생한 것이 아니다.

어제는 웃다가도 오늘 갑자기 충동적으로 결정하는 것이다. 이것이 진짜 우울증이다.

단순히 기분이 우울하다고 해서 그것을 우울증이라고 여기면 안 된다. 보통 사람들은 오늘 우울하면 맛있는 것을 먹거나, 여행을 가거나, 좋아하는 것을 하며 쾌락의 정도에 따라 얼마든지 극복할 수 있다. 하지만 우울증은 그냥 병이다. 우리가 몸이 아프면 병원에 가서 치료를 받듯, 무조건 병원에 가 도움을 받아야 한다.

운동으로 이겨내라거나, 좋아하는 취미 활동을 하라거나, 이건 모두 다 말도 안 되는 말이다. 피가 철철 나는 환자한테 "집에 가서 휴식을 취하면 나아질 거야."라는 말과 같다.

인간은 태어나는 순간부터 고통이다. 세상은 고통으로 가득 차 있다. 가장 편한 날이 오늘일 것이고, 내일은 더 힘들 거다.

인생을 10이라고 한다면 고통은 7이고 행복은 3에 불과하다. 아니, 그보다 더 적을 수도 있겠다. 왜? 무언가를 이루어내기 위해서는 수많은 고통과 인내가 뒷받침되어야 하며 그 고통과 인내의 시간이 행복을 누리는 시간보다 훨씬 더디고 길기 때문이다. 심지어 목표를 이뤘다 해서 내가 기대하고 바랐던 행복이 오지 않고 실망감으로만 가득 찰 수 있다.

가만히 있어도 행복이 오는 것이 아니고, 아무리 노력하고 열심히 살아도 고통을 피해 갈 수 없다. 인생을 살아가며 마음가짐 자체를 순리대로 그저 받아들이며 살아가야 한다.

이 꼴사나운 인생 속에서 고통의 순간들을 버티고 있는 나 스스로가 그 누구보다 멋진 사람이고, 무엇이든 해낼 수 있는 사람이라는 생각을 가져보자. 이 마음가짐은 자신의 자신감과 함께 온 우주가 나를 도울 것이다.

멕시코, 미국 삶을 끝내고 한국에 막상 돌아왔을 땐 참 공허하고 외로움의 연속이었다. 출국 날 공항에서 날 바래다주던 여자 친구는 온데간데없고, 친구들은 치열하게 각자의 인생을 살고 있었다. 멀리 있다는 이유로 연락을 잘하지 못하다 보니, 서로 소원해져 한국에 왔다고 인사하기도 참 머쓱했다. 이렇게 관계가 정리된 것이 오히려 고맙기도 하다.

과거에는 초등학교 때 늘 반장을 도맡아 하고, 많은 친구에게 늘 둘러싸인 인싸의 삶을 살았는데, 막상 혼자가 되었다고 생각하니 많은 것을 잃은 느낌이었다.

나이를 한 살 한 살 먹으며 어느새 30대가 됐다. 주변을 돌아보면 그사이 많은 것이 바뀌어 있음을 느낀다. 직장도 다니고, 해야 할 일을 하고 나면 정작 하루 중에 남는 시간은 얼마 되지 않는다. 이때는 쉬거나 내일을 위한 준비를 한다. 인간관계도 곧 돈과 시간을 쓰는 노력이다. 쉬어야 하는 내 시간을 써야 한다. 특히 돈도 참 많이 든다. 경조사는 또 왜 그렇게 많은가? 최소 한 달에 2번 이상이다. 오랜만에 친구한테 연락하려 카톡을 해도 그 대화를 자꾸 이어가야 한다는 것에 부담을 느낀다. 현대인은 관계에 있어 선택과 집중이 필수기에, 어쩌면 나이가 들며 관계가 좁아진다는 것은 슬프지만 당연하다.

라디오에서 흘러나오는 노래를 듣는다. 오래된 노래라 굳이 검색해서 듣지는 않지만, 우연히 이 노래를 들으면 참 반갑다. 끝까지 귀 기울여 듣게 된다. 멜로디보다 가사가 참 좋다.

'또 하루 멀어져 간다, 매일 이별하며 살고 있구나.'

– 김광석, 〈서른즈음에〉

가사 하나하나에 청춘이 점점 사라져가는 공허한 마음을 담았다. 가장 공감하는 것은 '조금씩 잊혀져 간다, 매일 이별하며 살고 있구나.' 이 부분이다. 거자필반, 회자정리처럼 만남에는 늘 떠남이 있고 떠남에는 또 다른 만남이 있다.

김광석의 〈서른즈음에〉의 매일 이별하며 살고 있다는 말처럼, 날 떠나가는 사람을 굳이 붙잡으려 애쓰지 말고 곁에 있는 사람한테나 잘해야 내 인생이 편하다는 생각을 한다.

지금 느끼는 인간관계는 그때랑 또 다르다. 훨씬 냉혹했다. 제일 친한 친구 사이라도 하루아침에 남이 된다. 내 지인은 가장 친한 친구에게 축의금을 50만 원이나 냈으나 하루아침에 절교하고 결혼식에도 불참해 그

축의금을 돌려받지도 못했다.

친척들 가운데 돈 때문에 사이가 틀어져 몇십 년째 보지 않는 친척도 있다. 핏줄이 섞인 가족 사이도 이런 데 관계에 있어 예외가 있겠는가?

회사에서도 마찬가지다. 정말 친했던 동기도 한순간에 출세하면 동료들은 앞에서는 축하해주는 척하면서도 뒤에서 질투한다. 심할 때는 질투에 못 이겨 그 사람이 없을 때 남에게 험담하고 다니기도 한다. 경쟁 앞에서는 모두가 웃을 수 없다. 소꿉친구와 사회에서 만난 친구가 다를 수밖에 없는 것도 여기에 있다.

이뿐만 아니라 사례는 수도 없이 많다.

#1: 사촌 동생들끼리는 서로 실제로 종교적 이유, 가치관, 삶의 방식 차이로 서로의 삶에 참견하고, 명절 때마다 티격태격하더니 지금은 거의 보지 않는다. 중간에서 참 난처하다.

#2: 돈 자랑을 하면 파리가 꼬이고, 돈이 있어도 늘 입 밖에 내지 말고 검소하게 살아가야 한다. 로또 1등에 당첨되었다고 가정하자. 나는 가족들을 제외하고는 그 누구에게도 말하지 않을 자신이 있다. 오히려 관계를 잃을 것이 뻔하기 때문이다.

#3: 늘 사람을 만날 때는 내가 잘된 것을 이야기하지 말고, 경청하는

습관을 들이자. 무거운 얘기보다 서로의 안부를 묻고, 미래지향적인 이야기를 많이 하는 것이 좋다. 그렇다고 해서 내가 힘든 점들만 이야기해서도 안 된다. 상대방은 당연히 위로를 해주겠지만 속으로는 나를 얕잡아볼 수 있고 내 약점을 꼬투리 삼아 그것을 악용할 수도 있다. 늘 나 자신만 믿으며 살아가야 한다.

#4: 내가 생각하는 것만큼 사람들은 나에게 별로 관심이 없다. 본인 인생을 그 무엇보다 더 중요하게 생각한다. 가족은 이래서 참 소중하다. 내가 어떤 것을 겪어도 언제나 내 편이기 때문이다.

#5: 친구는 이런 말을 했다. 얼마 전 10년 동안 하던 인스타그램(SNS)을 탈퇴했는데, 500장 넘는 사진과 1,000명이 넘는 팔로워들이 한꺼번에 사라지는데도 하나도 아깝지가 않더란다. 오히려 무언가를 잃었다는 느낌보다 후련한 느낌이 더 크단다. 맨날 같이 놀러 가면 사진으로 남기고 실시간 라이브를 하던 친구였기에 더 충격이었다. 그 친구는 "지우고 나서 보니 SNS는 내 인생에서 단 1%도 차지하지 않더라."라고 했다.

20대 때 생각했던 내가 꿈꾸며 바랐던 30대의 관계는 또 다르다. 마흔이 돼서 관계는 더 좁아지고 달라져 있을 것이다. 우리의 수많은 약속, 만남, 다 기억이나 할까? 또 누군가에게는 잊힐 테고 새로운 것을 대하듯 그렇게 살아갈 것이다.

김광석이 한 말처럼 관계는 늘 이별을 동반하며, 나이가 들어가면 점점 더 아집이 생겨 내가 좋아하고 잘 맞는 친구하고만 시간 투자를 하게 된다. 매일 이별하며 산다는 것이 결코 슬픈 얘기만은 아니다. 그저 당연하다. 느끼는 감정의 폭이 너무 넓은 것도 삶에 독이 된다. 인간관계에서만큼은 더 무뎌져야 한다.

오히려 나한테 집중하는 시간이 길어지면 관계는 회복성이 뛰어나 다시 돌아온다. 내가 잘되면 사람들은 알아서 날 찾는다. 지금 선택한 길을 스스로 맞다고 확신하며 사는 것이 정답이다.

20대의 볼품없고 돈도 없고 시간만 가득했던 삶에서 서른이 되면 많은 게 바뀔 줄만 알았다. 내 기대와 100% 똑같은 삶을 산다고 볼 수 없지만, 현재 내 행동에 대해 객관적으로 평가할 수 있고, 앞으로의 삶을 주체적으로 그려갈 수 있고 계획할 수 있다는 것은 그 자체만으로 대단한 것이다.

10년 전, 22세의 전역 날 행복했던 순간들이 생생히 기억나듯, 40대가 되었을 때 32세인 지금 이 순간순간이 기억되기를 간절히 바란다.

이별 연습 2

어렸을 적에는 많은 사람과 어울리며 지냈다. 여러 사람을 만나며 그들에게서 새로운 삶의 방식을 배웠고, 그것을 내 삶에 다양하게 적용했다. 이것이 올바른 삶이라고만 여겼다. 좁은 인간관계는 내 인생의 기회를 줄어들게 하고, 자칫 편협한 사고에 빠진다고 생각했다. 실제로 틀린 말은 아니다. 기회는 사람에게서 온다. 회사도, 사업도 사람으로 하는 것이기에, 다양한 사람들과 알게 되면 삶의 기회가 늘어나는 것은 무시할 수 없다. 그래서 타인보다 늘 주변에 사람이 많았다. 하지만 결혼준비를 하며 드는 생각은 나이가 들며 관계가 자연스럽게, 그리고 지속적으로 좁아지고 있다는 것이다. 아무렇지 않게 은연중에 살고 있다가 청첩장을 줄 때면 이 생각은 더욱 두드러진다. 실제로 느껴봐야만 알 수 있다.

'예전에는 친했는데 내가 이 사람에게 청첩장을 줘도 될까?' '혹시나 내 청첩장을 부담스러워하진 않을까?' 이런 생각들이 온종일 내 머릿속을 스친다.

　여기서 중요한 것은 '예전에는 친했는데.'이다. 나이를 먹으며 우리는 왜 점점 더 멀어져 가는 걸까? 이 질문을 했을 때 가장 먼저 드는 생각은 바쁜 현대사회다. 하루 24시간은 눈코 뜰 새 없이 빠르게 흘러간다. 한 달도, 일 년도 그렇다. 각자의 일이 있고, 앞에 놓인 무수히 많은 일들, 신경 써야 할 것들 등 나이가 들면 각자 본인들의 밥벌이를 해야 하기에 더더욱 그렇다. 퇴근하고 일이 끝나면 녹초가 되어 있어 관계에 시간을 투자하는 게 한정적일 수밖에 없다.

　전화번호부에 지인 100명이 있다 치자. 당연히 연락하고 싶은 사람, 조금이라도 나랑 더 편한 사람 몇 명에게만 연락할 것이다. 나머지는 그저 생각이 날 때 안부를 묻는 정도다. 그러다 까먹으면 연락을 안 하는 거고. 그렇게 하나둘 예전에는 친했더라도 점점 더 멀어진다. 주로 연락을 하는 그 몇 명은 보통 내 근처에 나를 오래 보고 있는 사람들이다. 대개 나랑 같은 지역에 살고 있을 확률이 높다. 물리적 거리도 관계에서 가깝고 멀어짐을 결정하는 확고한 이유가 된다. 나 또한 예전처럼 울산에 자주 내려갈 수 있는 시간적 여유가 안 되기에 울산에서 몇십 년을 살았다 하더라도 울산 친구들과 자주 만나기가 쉽지 않다. Out of sight, Out of mind처럼, 눈에서 멀어지면 마음에서도 멀어진다는 말이 정말 맞는 말이다.

관계가 좁아질 수밖에 없는 또 다른 이유는 바로 시간과 돈이다. 우리 삶에 가장 밀접한 영향을 주는 2가지라 할 수 있다. 시간과 돈 이 두 가지를 다 갖춘 사람들을 우리는 부자라고 부르며, 둘 중에 하나라도 없는 사람은 진정한 부를 가졌다고 보기 힘들다. 이 둘을 한 번에 가지기는 큰 노력을 해야 하는데, 그 이유는 이 둘은 상호보완적이기 때문이다. 시간이 없으면 돈으로 시간을 사면 되고(돈은 줄어들 것이다), 돈이 없으면 시간을 투자해 돈을 벌면 된다(시간은 줄어들 것이다).

인간관계를 유지한다는 것은 시간과 돈 이 둘 모두를 투자해야만 한다. 인간관계가 넓으면 넓을수록 더 많은 시간과 돈을 정비례로 투자해야 하기에 한정된 자원인 이 둘을 아끼기 위해 관계 자체를 줄이는 것이다. 밥을 먹을 때에도, 커피를 마실 때도 누구나 알듯 이것은 공짜로 주어지는 것이 아니다. 각자 내거나, 둘 중에 한 사람이 내거나, 장소를 빌려 맛있는 음식 혹은 커피 한잔을 마신 대가로 비용을 지급해야 한다. 단연 내가 좋아하는 사람에 투자할 수밖에 없다. 좋아하지 않는 사람인데 단지 관계 유지를 위해 혹은 명목상 만나는 것만큼 어리석은 것이 없다.

여기서 연결되는 것이 바로 주변 환경이다. 주변 환경에 따라 끼리끼리 관계가 나뉘기도 한다. 예를 하나 들어보자. 가령 취업을 못 했거나 지갑 사정이 여유롭지 않은 친구와의 만남에서 그 친구는 본인이 친구를 만날 여유나 자신감도 없고, 돈도 없어 만나길 꺼린다. 그 상대방도 처음에는 응원과 위로 속 맛있는 밥을 대접하지만, 그것이 계속되면 자신도 상대방의 푸념을 받아들이기 지치고 금전적으로 부담이 될 수밖에 없다. 유유상종과 같이 시간이 지날수록 끼리끼리 어울리게 된다. 막 내가 행복하고 재밌는 관계가 아닐지라도 적어도 나에게 피해가 가지 않는 만남을 찾아간다.

마지막은 그것은 바로 개인의 고유한 자아 형성이다. 어릴 적엔 같은 교실 속에 늘 같은 수업을 듣고 똑같은 꿈을 꿨으니 단연 친할 수밖에 없다. 온종일 같이 있으며 밥도 함께 먹고, 서로에게 아무것도 바라지 않는 존재였으니 평생 친구로 자리하게 된다. '서로에게 바라는 것이 없는 존재' 이것이 오랫동안 건강한 관계를 유지한다. 특히나 서로 물고 뜯는 정글 속 사회생활 안에서의 관계에 지칠 때면 소꿉친구들과 가끔 마시는 소주 한 잔이 그렇게나 그립다.

하지만 시간이 흐를수록 이것도 변한다. 각자의 삶 속에서 개인의 자아가 더 강하게 확립되고, 각자가 처한 철저히 다른 환경에서 생각하는 것도 변한다. 정치, 경제, 연애관, 사상, 경제적인 문제 등 이해관계 속 우리가 처한 모든 주제에 대해 본인만의 고유한 자아가 확립된다. 대개 관심이 없는 분야를 제외하고는 흑백 논리적 사고를 지닐 확률이 높고, 나와 다른 생각의 사람을 배척하고 멀리하게 된다. 이는 아무리 어릴 적 소꿉놀이를 함께했던 친구라 할지라도 똑같다. 스스로 나와 생각이 조금이라도 맞지 않으면 만나서 대화를 하는데 재미가 없다. 회식 자리에서 상사의 비위를 맞추는 영혼 없는 인형처럼 자리 지키다 온다. 점점 더 나와 생각이 맞고, 비슷한 환경의 사람이랑만 어울리게 되는 이유다.

우리 자신은 그 누가 바뀌라 해도 바뀌지 않는다. 나 스스로 바뀌려고 노력해도 은연중에 나의 본연의 모습으로 다시 돌아오기 일쑤다. 사람은 고쳐 쓰는 게 아니라는 말도 있지 않은가. 그것이 좋은 방향이든 안 좋은 방향이든, 우리는 모두 결정적인 사건으로 인한 인생에 큰 동기부여가 있지 않은 이상 바뀌지 않는다. 따라서 내 본연의 모습을 좋아해 줄 수 있는 사람을 만나는 것이 가장 중요하다. 그것이 연인이 됐든, 친구가 됐든, 주변 사람이 됐든. 관계가 좁아진다는 것은 어쩌면 당연하니 슬퍼할 필요도 아쉬워할 필요도 없다. 나의 기쁨과 슬픔을 나눌 수 있는 나와 맞는 사람 2~3명만 있어도 삶은 너무나 큰 행복이고 축복이다. 지금 내 옆에 있는 사람에게 최선을 다해야 하는 이유다.

'나'로서 정말 온전히 살아갈 수 있는 비결은 뭘까? 나에게서 떠나가는 인연을 순전히 받아들이고 보내주는 것이다.

이별은 곧 버스 같다는 생각을 한다.

버스 안에는 도착지가 모두가 다른 사람들이 탑승한다. 누군가는 나와 도착지가 가깝고, 누군가는 나와 도착지가 한참 멀다. 같은 곳을 향해 가

—
뉴욕 브루클린에서 찍은 막차 버스 모습

는 길이 똑같아 같이 가다가, 그러다 혹은 마음 맞는 사람이 있으면 말도 하고, 인사도 나누고. 그러다 각자 아무렇지 않게 내가 내려야 할 곳이 있으면 무심히 내린다. 각자 이렇게 다른 인생의 길을 묵묵히 가는 것. 그것이 이별이 아닐까 하는 생각이 든다.

그렇게 난 도착지가 멀어서 또 혼자 길을 가다가 새로운 누군가가 오면 또 반갑게 맞이하고, 같이 그 사람과 다를지도 모르는 목적지를 향해 함께 가는 것이다. 그 사람이 내릴 때가 온다면 나는 붙잡을 수가 없다. 새로운 누군가가 버스를 타려 할 때 타지 못하게 막을 수도 없다. 그냥 자연스럽게 내버려 두는 것이다. 마치 진짜 우리들 간의 이별처럼.

그 인연들과의 추억에서 나는 행복했는지, 그 관계 속에서 무엇을 얻었는지도 물론 중요하겠지만 아무것도 얻지 않아도 상관없다. 내가 무언가 얻길 위해 그 사람과 만난 것은 아니기 때문이다. 절대 시간 낭비가 아니었다. 그냥 내가 당시 행복했었는지만 돌아보면 된다. 나는 무엇을 할 때 그 사람과 행복을 가장 느꼈는지만 알았으면 된 것이다. 이별도 그 자체로 의미가 있다.

인생은 쏟아버린 물과 같다. 컵에 담겨 있는 물을 쏟아버렸을 때, 우리는 그것을 다시 주워 담을 수 없다. 한번 지나간 시간, 한번 이별해 버리면 이별하기 전으로 다시 돌아갈 수 없다. 세월과 사람과도 이렇게 이별하며 사는 삶을 이제는 당연하게 생각해야 한다. 그때 그 순간을 그리워만 하고 지금을 부정적인 상황으로 단정 짓기보다 앞으로 더 멋진 사람, 멋진 순간들이 기필코 있을 것이라 스스로 확신하며 살아야 한다. 그 당시 내가 가진 결핍과 지금의 결핍은 다르기에. 그때의 내 상황과 지금 맞닥뜨린 현실은 또 다르기에.

단순히 그때를 회상하기보다 하나하나에 집중하며 소중했던 시절을 창고에서 물건 꺼내듯 되돌아봐야 한다. 그리고 정말 소중하다고 생각되는 것은 따로 간직하고 지켜가야 한다.

회사 동료나 사회에서 만난 사람들을 한번 생각해보자. 나에게 아무런 관심조차 없는 사람들만 주변에 가득하다. 그들의 주말이 나도 궁금하지 않고, 그들도 크게 궁금해하지 않는다. 명백하게 조직의 목표인 일을 하기 위해 구성된 집단이기 때문이다. 내겐 믿을 사람 한 명 없는 곳에서 나는 외로운 섬처럼 혼자 서 있다. 이럴 때일수록 내가 살아오면서 나를 소중하게 생각해 온 사람들, 내가 소중하게 여겼던 사람들 그렇게 하나둘 끄집어내어 지켜내야 한다.

또 하나는 현실에 더 집중하고 과거에 조금이라도 후회를 하지 않는 것이다. 과거의 모든 순간이 모여서 지금의 나를 만든 것이다. 지금의 나는 그토록 처절하게 살아왔던 과거의 결과물이며 최선의 모습이다. 절대 과거를 후회하지 말고 앞으로의 일들만 생각하자. 이별한 이들을 그리워할 만큼 우리는 시간이 넉넉하지 않다. 또 그만큼 또 다른 좋은 사람이 내 곁을 채울 것이고, 내 삶을 풍요롭게 만들 것이다.

마지막으로, 본연의 나의 모습을 잃지 않는 것이다. 나는 어릴 적의 나와 모든 게 그대로다. 내가 좋은 사람이면 좋은 순간 기회 기필코 오고 좋은 사람들이 알아서 주위를 맴돈다. 이별하는 순간순간 속에서도 외부환경이 늘 바뀌는 과정에서도 내 모습, 나를 잃지 않는 것이 가장 중요하다.

3단계

흔들리지 않을
멘탈을 가져라

인생에서 제일 중요한 것은, 누가 뭐라든
내 자신이 행복하고 만족하는 것 하나 뿐이다

파리 생제르망(PSG), 현 국가대표 축구선수 이강인

나만의 취향을 가져라

본인의 취향을 드러내는 삶은 왜 중요할까? 내 개성과 철학의 부재는 남에 이끌려 사는 수동적인 삶만 가져온다. 취업할 때 돼서까지도 정작 내가 무엇을 좋아하는지, 무엇을 잘하는지 모른 채 인생에서 어쩌면 가장 중요한 결정을 그저 남이 하는 대로 똑같이 한다. '엇, 내 친구가 공무원을 하면 나중에 연금도 나오고 안정적이래! 나도 해봐야지.' 이런 식이다. 남들은 Yes를 외칠 때 나는 당당히 싫다 No를 말할 수 있는 사회가 되어야 한다. 남들이 가는 길이 아무리 안정적이라도 내가 조금이라도 관심 있었던 것을 밀어붙이고, 실패하더라도 다시 도전할 수 있는 용기를 가져야 한다. 나 자신을 내면적으로 꾸밀 수 있어야 한다.

어쩌면 나이가 들수록 더 사회가 요구하는 기준에 맞추느라 자신의 개성이 묵살당할 수 있다. 그것이 사회이든, 사회 밖이든, 내 인생에서 하루 24시간 중 단 한 시간이라도 나만의 개성을 찾기 위한 노력을 해야 더욱 의미 있는 삶을 살 수 있다.

래퍼들은 늘 말한다. 'I dont give a f**k!'

직역하면 내 주변 모든 것을 신경 쓰지 않는다는 것이다. 인생에 비유하자면 누가 뭐라 하든 내 길을 간다는 것이다.

우리는 인생을 왜 사는가? 즐겁고 행복해지기 위해 사는 것이다. 그렇다면 내가 하고 싶은 것을 하며 내 역량을 표출하고 그것을 누군가가 인정해 줄 때 재미있는 것이다. 매슬로의 피라미드를 보더라도 인정의 욕구는 4단계로, 인간이 누리는 정점의 행복에 가깝다. 인정이 채워져야 자존감이 생겨 5단계 즉, 마침내 자아실현을 할 수 있는 발판이 만들어지는 것이다. 지금 하기 싫은 일을 하는 누군가가 있는가? 당장 그만두라는 것이 아니다. 먹고 살려면 돈은 벌어야 한다. 내가 하고 싶은 것을 하며 돈을 버는 사람은 축복받은 삶이다. 왜 축복받은 걸까? 극소수이기 때문이다. 획일화된 조직에서 그 삶을 살아간다 해서 내 개성을 영원히 찾지 못한다는 흑백 논리적인 시각은 옳지 않다. 모든 조직에서도 자세히 들여다보면 각자의 본인만의 개성이 잘 드러난다. 극단적인 선택은 지양하고 늘 정도에 맞게 생계유지에 필요한 내 일을 하되, 조금씩 내 개성을 찾아가는 연습이 필요하다.

개성이 묵살 당한 획일화된 삶은 대한민국 국민의 냄비근성과도 연결된다. 냄비근성이란 라면을 끓이는 양은냄비와 같은 인간의 의식적 행동이라고 생각하면 된다. 정말 쉽게 달아오르고 금방 식어버린다. 대한민국 국민은 특정한 이슈가 있을 때 불같이 달려든다. 일이 지나면 완전히 잊어버리고 시큰둥해진다. 이는 인터넷상에서 특히 두드러지는데, 한 연예인을 싸잡아 공격하기도 하고, 한 사람의 신상을 파내어 피해를 끼치기도 한다. 대개 이러한 일들은 작은 일도 더 큰 일로 만든다.

커피가 인기 있으면 50m로 카페를 연달아 창업한다. 10중에 9는 망한다. 심지어 본인이 왜 망했는지도 모른다.

치킨 열풍이 일어나면 너도나도 퇴직 후 퇴직금 전 재산을 털어 치킨집을 연다. '네가 하면 나도 할 수 있다.'라는 자신감일까, '이걸 하면 큰돈을 번다.'라는 맹목적 믿음일까.

이런 획일화, 냄비근성은 물론 단점만 있는 것은 아니다. 협동으로 연관 지어 생각해 볼 수 있다. 월드컵 2002년 신화를 보면 전 국민이 광화문에 우르르 모여 열광하는 장면은 전 세계의 매스컴을 타며 감탄을 자아냈다. 그뿐만 아니라 태안 앞바다의 자원봉사, IMF때의 금 모으기 운동은 나 혼자 손해를 보더라도 힘을 합쳐 대한민국을 위기 속에서 구해냈다. 군대를 갔다 온 사람들은 알 것이다. 군필자들은 모두 군대에서의 괴로운 기억만 가지고 있는 것은 아니다. 함께 어울리며 쌓았던 전우애라든지, 그때 그 순수했던 추억들이 있다. 북한에서 만약 전쟁을 선포하고 쳐들어온다면 대부분의 예비군은 앞장서 나라를 구해낼 것이다.

이 땅에 태어난 이상 대한민국 국민으로서 자랑스럽게 내 삶을 더 넓게 바라보고 여기에 맞게 꾸며가야 한다. 주변의 눈치를 보며 내 선택이 아닌 것에 이끌리지 않는 것. 정해진 기준에 너무 매몰되지 않는 것, 조직 안에서 나 자신을 잃지 않는 것. 책을 읽든 뭐든 좋다. 단순반복이 아닌 내 미래에 도움이 될 만한 일을 하루 단 10분이라도 하는 것.

이게 냄비근성이 두드러지는 대한민국 국민에게 가장 현실성 있는 해답이다.

나 자신을 잃지 않았다면, 그럼 나를 어떻게 상대방에게 효과적으로 드러낼 수 있을까? 소개팅하든, 면접을 보든 관계의 시작은 첫인상이다. 첫인상이 보통 끝까지 간다. 실제로 첫인상이 좋지 않았는데 그것을 회복하기에는 부단한 노력과 오랜 시간이 걸린다. 면접을 예를 들어 나를 알리는 효과적인 방법에 대해 알아보자.

1. 솔직함을 보여라

면접에서는 무조건 솔직해야 한다. 내가 그 어떤 경험을 했던 면접관으로서는 그저 사소하고 오래전 해왔던 주니어 레벨의 경험들이다. 내가 그 경험을 부풀릴수록 면접관은 이 친구는 능력이 정말 출중하다고 생각하기보다, 얘가 지금 잘 보이기 위해서 거짓말을 하는 것이 아닐까? 하고 지속해서 검증한다. 그 검증하는 과정에서 거짓말은 또 다른 거짓말을 낳는다. 한번 거창한 거짓말을 시작하면 그 면접은 거짓말로 끝난다는 것이다.

언젠가 걸리게 될 그 면접장에서 절대 거짓말을 하지 말고 부족하더라도 솔직하게 했으면 했다. 안 했으면 안 했다고 답해보자. 면접관은 솔직한 모습에 오히려 좋은 점수를 줄 수도 있다.

2. 밝은 미소 띤 얼굴을 보여라

옛말에 "웃는 얼굴에 침 뱉으랴."라는 속담도 있다. 박장대소를 하라는 것이 아니다. 밝은 성격이면 더 좋겠지만, 내성적이거나 밝은 성격이 아니어도 약간의 미소를 띠고 사람을 대하자. 나에게서 나오는 미소와 정갈한 몸가짐은 상대방에게 긍정적인 시너지와 보이지 않는 에너지를 가져다준다.

소개팅에서도 말을 할 때 미소를 띠고 이야기를 이끌어간다면 상대방은 나와 얘기하는 것이 편안하게 느껴진다. 면접에서도 똑같다. 무표정으로 긴장되어 경직된 표정보다는 약간 미소를 머금은 표정을 한 면접자에게 면접관도 더 질문하고 싶어 한다. 회사도 사람들이 모여 관계를 형성하는 곳이기 때문에 밝은 사람은 다른 사람에게 일을 하는 데도 활력을 줄 수 있다.

3. 경청하고 공감해라

인간관계에서 가장 중요한 것은 '경청'이다. 상대방의 말을 존중한다는 뜻이다. 항상 귀담아들어라. 내가 어느 누군가에게 고민 상담을 해주며 조언을 했다고 가정하자. 그 상대방이 만약 내가 얘기한 조언을 받아들여 그대로 실천에 옮겼다면 나는 얼마나 기분이 좋겠는가?

나한테 맞지 않는다고 판단이 된 것은 실행하지 않으면 그만이다. 실제로 같은 사건에 "어떤 이는 A 해라, 또 다른 이는 B 해라." 의견은 남녀노소 모두가 제각각이다. 모든 가능성을 열어두고 고려해서 듣되 항상 상대방의 말을 경청하는 태도를 습관화하자.

말은 많을수록 실언을 할 확률이 높아지고, 허점과 빈틈이 생긴다. 실제로 회사의 임원들은 회식할 때 1차만 하고 일찍 귀가하는 것이 그 이유다. 술에 취해 임원이 실언한다면 회사생활 중 본인이 잃을 게 훨씬 많으므로 애초에 실수할 자리를 가지지 않는 것이다.

면접에서도 로직은 같다. 사회생활의 첫 축소판이다. 면접관이 하는 질문을 귀담아듣자. 뭐라고 했는지 되묻는 것보다 한 번에 질문을 숙지하고 차분하게 대답하면 면접관도 바로 다음 질문으로 넘어가기 때문에 진행이 수월해진다. 이처럼 질문의 요지를 잘 귀담아듣는 것은 정말 중요하다.

4. 항상 단정하게 입어라

최근 넷플릭스로 출시된 인기 웹툰 '외모지상주의'를 아는가? 외모는 첫인상에서 그만큼 중요하다. 어제 누나 결혼식을 마치고, 아버지 친구 성형외과 의사분과 자리를 가졌는데, 최근 3년간 손님이 급증했다고 한다.

대한민국처럼 남에 대한 시선을 중요하게 생각하는 나라는 드물다. 단적인 예로, 내가 있었던 미국과 멕시코에서는 옷이 찢어진 채로 입고 다니는 사람들도 보았다.

옷차림은 과하게 신경 쓸 필요는 전혀 없지만, 분명 각 장소나 상황에 맞는 격식 있는 옷차림은 존재하며 지키는 것이 예의이다. 옷차림으로 행실을 판단하는 때도 있으니 단정하게 입는다면 반은 먹고 들어간다.

면접에 참석해보니 의외로 남자의 경우 신경을 안 쓰는 경우가 있는데 넥타이는 꼭 하고, 신발은 전날 깨끗이 닦자. 양말은 꼭 긴 검은색 양말을 신자. 면접대기실에서 간혹 발목 양말을 신고 오는 면접자도 보았는데 보기 좋지 않았다. 머리 스타일도 정말 중요하다. 머리는 되도록 왁스로 올리는 것을 추천한다. 전날 미용실에서 깔끔히 자르기만 해도 된다. 면접에 진지하고 정갈하게 임한다는 인상을 줄 것이고 스스로 마음도 정리가 된다.

5. 한결같음을 보여라

연애할 때, 친구를 만날 때, 모든 인간관계에서는 한결같음, 변하지 않는 마음이 가장 중요하다. 16강에 진출한 대한민국 대표팀의 대표 문구도 '중요한 건 꺾이지 않는 마음'이지 않은가.

소나무같이 항상 그 자리를 지키는 사람이 되어야 한다. 늘 배신하고 본인이 이익만 좇는 기회주의자는 시간이 지나면 그 어느 조직이나 모임의 선택도 받지 못한다.

사람은 누구나 인생의 우여곡절이 있다. 한없이 잘 나갈 수 있고, 설상 가상으로 안 좋은 일만 연달아 생길 수도 있다. 극단적으로는 하루아침에 쫄딱 망할 수도 있다. 내가 그 어느 상황에 부닥쳐도 끝까지 날 믿어주고 한결같이 옆에 있어 준 사람에게 마음을 다하자. 그리고 나도 그렇게 되도록 늘 마음가짐을 정비하자.

실제로 우리 팀장님이 이번 채용 면접에 참석하시고 면접에서 제일 낮은 점수를 준 사람이 '그만둘 것 같지 않은 사람'이라고 말씀하셨다.

우리는 세상을 살며 수많은 풍파에 부딪힌다. 조금만 힘들어도 그만두거나 포기하는 사람에게 핑크빛 미래를 기대하긴 힘들다. 견디지 못할 만큼까지 참으라는 것이 아니다. 내가 할 수 있을 때까지 해보는 것이 제일 중요하다. 달리기를 생각해 보자. 500m를 달릴 때 이 악물고 한 번에 간 뒤 편안히 쉬는 게 좋을까? 아니면 250m 가다 중간에 쉬고 다시 뛰는 게 좋을까? 과연 중간에서 잠깐 쉬었을 때 개운할까? 크게 좋지 않을 것이다.

앞서 얘기했듯, 누군가에게 좋은 첫인상을 남기는 것은 관계에 있어 정말 중요한 요소다. 좋은 첫인상은 곧 다시 보고 싶은 사람, 같이 함께 일하고 싶은 사람, 도움을 줄 수 있는 사람과 같은 늘 긍정적인 이미지를 가져다준다.

내 친구는 실제로 9시 면접인데 9시 00분 32초에 도착해 최종면접을 못 보았다. 지금은 비록 다른 회사에 재직 중이지만 정말 안타까운 일이다. 늦잠을 잔 것도 아니다. 전철이 늦게 도착해 도착하자마자 신발까지 벗어가며 뛰었다고 한다. 근데 고작 32초 늦었다고 면접장 입구에서 입장 거부를 당한 것이다. 하지만 그 누구도 그 감독관을 질책할 수 없다. 그 감독관은 회사의 규정을 지킨 것뿐이다.

인생은 항상 계획한 대로 흘러가지 않는다. 특히 면접이나 중요한 이벤트가 있는 날은 늘 변수가 존재한다는 가능성을 염두에 둬야 한다.

나는 내가 보았던 수많은 면접 모두 한 시간 전에 항상 제일 먼저 도착했다. 지금 다니고 있는 곳의 최종면접은 두 시간 전에 도착했다. 과하게 생각할 수 있으나 화장실도 가고 자기소개서도 한 번 더 읽어보고 스스로 마인드컨트롤 하는 데 충분한 시간이었다. 시간을 가장 중요하게 생각하고 아까워해야 한다.

상대방과의 약속 시각뿐 아니라 내 시간도 의미 있게 활용해야 한다. 황금 같은 20대, 30대는 눈 깜짝할 시간에 지나간다. 하루하루 쪼개어 내가 하고 싶은 것, 이루고 싶은 것들을 차근차근 이루어가는 사람과 흐지부지 퇴근 후 넷플릭스나 보며 시간을 보내는 사람과의 10년 뒤 미래는 하늘과 땅 차이다. 본인이 가치를 두는 무언가에 시간 투자를 하고, 의미 없이 TV를 보거나 누워서 핸드폰 하는 습관을 멀리하자.

세상만사 우리가 마주하는 모든 일에는 효율성이 뒷받침되어야 한다. 모든 회사 일 포함 지금까지 발전해 온 인류의 역사, 산업혁명 등 모든 사건은 인간이 시간을 단축해 더 빠르고 쉽게 하도록 발전해 온 것들이다. 답은 '시간'에 있었다. 얼마나 '시간'을 단축하느냐에 따라 내 주머니에 들어오는 돈이 다르고, 그 남은 시간을 이용해 다른 일을 할 수 있다. 경제학에서 기회비용을 그토록 중요시하는 이유가 그것이다.

앞서 미라클 모닝을 강조한 것도, 실행의 힘을 강조한 것도 모든 근본적인 뿌리는 '시간'에 있다. 미라클 모닝을 하므로 남들보다 하루 중 3~4시간을 더 알차게 보낼 수 있고, 당장 실행을 하므로 늦게 시작하는 것보다 허비하는 시간을 줄일 수 있다.

시간을 생각하지 않고 인생을 살아가면 세월은 눈 깜짝할 사이 너무 많이 흘러가 있을 것이고, 끝내 내게 남는 것은 후회 뿐이다.

얼마 전 50년이 넘도록 교도소에서 지내고 할아버지가 되어 출소한 사람의 인터뷰 영상을 보았다. 뉴욕의 한복판에서 그 할아버지는 바삐 걸어 다니는 사람들, 택시들, 수많은 네온사인 앞에서 혼란스러워했으며 너무 많은 것이 바뀌어버린 지금이 너무 후회스럽다고 했다.

하루하루 주어진 시간을 내 지갑에 있는 돈처럼 정말 소중하게 보내야 하는 이유다. 사람은 누구나 편안함을 추구한다. 적당한 편안함, 적당한 쉼, 스스로 안주해 버리고 합리화하는 순간들에 흘러가 버린 시간은 내

성장을 멈추게 한다.

특히 2030들은 모든 것을 빨리 얻으려고 한다. 그 어떤 노력도 하지 않은 채 많은 시간과 경제적 자유를 가지길 소망한다. 사실 일확천금을 바라는 것보다 어리석은 것은 없다. 그 돈은 어젯밤 꿨던 꿈처럼 금세 의미 없게 사라진다. 노력 없이 얻은 돈을 현명하게 소비할 리가 없다. 돈은 내 하루하루 24시간을 어떻게 소비하느냐에 따라 달라지는 것이다. 하루 10분만 무언가 한다고 해도 일주일이면 1시간이 넘는 시간이다. 집중하기에 충분한 시간이다. 시간이 쌓이는 것과 내가 벌게 될 돈은 정비례한다. 끝내 시간은 돈과 만나게 된다.

7. 자기 검열 하지 마라

관계에 있어 날카로운 나만의 이, 자신만의 무기가 있으려면 자기 검열을 해서는 안 된다. 도덕적으로 잘못된 행동을 하는 것이 아닌 이상, 자신을 돌아보지 말자. 자기 검열을 하지 않아도 나 자신은 대단한 사람이고 충분히 멋진 사람이다. 나 자신을 검열하는 행위는 나 자신을 낮추고, 자존감을 낮게 만든다. 관계에서 늘 당당하게 내 권익을 주장하고 지켜내자.

적절한 자기 검열은 물론 실언을 줄이고 원만한 인간관계를 만드는 데 순기능 역할을 할 때가 있다. 하지만 내가 방금 한 말이 상대방에겐 어떻게 들릴까? 내가 말실수한 것이 아닐까? 방금 내가 너무했나? 등의 지나친 자기 검열은 말의 힘과 에너지를 떨어트리며 본인의 말과 행동에 있어 스스로 확신을 잃게 된다.

중간&기말고사를 치는 중고등학생, 수능을 보는 수험생, 취업 면접을 보는 취업준비생, 소개팅 하는 직장인, 결혼식 당일, 중요한 경기가 있는 운동선수, 수많은 관중 앞에서 발표 등 우리는 많은 중요한 이벤트들을 안고 살아간다.

그렇다면 우리는 각자 중요한 이벤트, 결전의 당일 어떤 자세로 임해야 할까? 중요한 순간 차분함으로 성공을 이끄는 사람들은 어떻게 성공하게 된 걸까?

피겨여왕 김연아는 중요한 경기를 앞둔 당일부터 본인의 경기 모습을 처음부터 끝까지 구체적으로 머릿속에 그려본다고 한다. 긴장감, 불안감 그 어떤 마음에도 동요되지 않고, 평정심을 유지한 채 이때까지 준비한 모습을 차근차근 그려보는 것이다.

심호흡하면 긴장상태와 휴식상태의 신경의 균형을 잡아주는 데 의학적으로 효과가 있다고 한다. 심호흡을 크게 한번 하고, 본인의 모습을 그려보자. 준비하고 부단히 노력한 지난 시간이 기필코 좋은 결과로 보상해 줄 것이다.

사실 면접은 그냥 세상의 첫 나를 드러내는 연습일 뿐이다. 인생을 살아가며 수많은 자기 어필 기회를 가질 텐데, 그렇다면 나 자신을 드러내면 어떤 점이 좋을까?

첫째로, 나를 드러냄으로써 나도 용기를 얻는다. 나 자신을 돌아보면 내 인생을 제3의 시선에서 객관적으로 관찰할 수 있다. 어떤 것이 잘못됐고 앞으로 어떤 삶을 살아야 하는지가 보인다. 그뿐만 아니라 십중팔구는 나를 드러냄에 대한 코멘트를 남길 것이다. 인터넷 커뮤니티에 글 하나만 써도 댓글이 달리는 세상이다. 타인의 관심과 응원으로 인생을 살아가는 데 있어 용기를 얻을 수 있다. 운동선수들도 응원해 주는 관중이 있어야 더 힘이 나고 좋은 결과를 얻을 수 있다. 주변 사람들의 응원과 위로는 우리가 생각하는 것보다 훨씬 큰 힘을 가진다.

'힘내'라는 말을 좋아하는데 양면적으로 다소 폭력적인 의미를 지니기도 한다. 다시는 낼 힘조차 없이 힘든 상황을 겪고 있는 사람들이 이 말을 들었을 때는 하나도 위로처럼 들리지 않을 것이다. 하지만 힘내라는 말은 절망적인 상황에서도 한 번 더 일어설 용기를 주는 원동력이 되기에 그 자체로 의미가 있다.

둘째, 지금의 발상이 틀에 박혀 있다는 것을 깨달을 수 있다. 끝까지 포기하지 않는 정신도 중요하지만 가장 중요한 것은 바른길로 꾸준히 도전하는 것이다. 잘못된 방법으로 무언가를 도전한다면 이미 남들은 한없이 앞서가는데 시간만 날리고 남는 건 상실감과 자괴감뿐이다. 이런 상황은 나를 숨기면 해결되지 않는다. 나를 드러냄으로써 다른 사람들의 의견을 듣고 마음을 열어감으로써, 인생을 보는 시야를 넓히고 잘못된 것을 바로잡을 수 있다. 나 스스로에 갇혀 있던 생각들이 타인에 의해 생각이 확장되고 보다 넓은 생각으로 현명하게 인생을 살아갈 수 있다.

단, 나를 드러낼 때 긴장은 최대한 하지 않아야 한다. 시간이 많이 흘러, 운 좋게 면접관으로도 들어가 본 경험이 있다. 느낌이 또 색다르다. 긴장하고 있는 면접자들보다 면접관인 내가 오히려 더 긴장이 많이 된다. 그때를 회상하며 드는 생각은 내가 면접자로서 면접에 참여했을 때 유난히 긴장을 많이 했다는 것이다. 면접을 보면 처음 보는 사람을 만나고 내가 평가받는 자리이기 때문에 당연히 긴장되는 것이 사실이다. 하지만 지나친 긴장은 오히려 결과에 악영향을 준다. 내 본모습이 잘 드러나지 않아 오히려 면접관의 관점에서 꾸며진 모습의 나로만 평가할 수 있다는 단점이 있다.

앞으로 면접에 임하는 모든 면접자는 친구와 얘기하듯이 조금만 더 여유를 가지고 면접에 임하는 것이 중요하다는 것을 깨닫는다. 어차피 회사 밖에서는 똑같은 아저씨이며, 만약 면접에 떨어진다고 하면 다시는 볼 사람이 아니므로 여유를 가지고 편하게 보지 않을 이유가 없다. 물론 마음처럼 되지 않겠지만 면접에 들어가기 전 스스로의 마인드컨트롤을 통해 친구 대하듯 편하게 나 자신을 드러내고 오자.

내가 최종합격에 합격할 수 있었던 이유도 어쩌면 조금 더 여유로운 자세로 면접관들을 대했기 때문이다. 질문했을 때 어떻게 답변을 해야 할지 모르겠다면 그냥 포기하고 '모르겠습니다.'가 아니라, 5초만 시간을 더 달라고 면접관에게 당당하게 요청했다. 아무도 뭐라고 하는 사람 없다. 5초 더 준다고 해서 그게 불공정한 것도 아니거니와, 채용 당락에 크게 영향을 끼치지도 않는다. 내가 5초 뒤에 질문에 대해 완전 동문서답을 했다고 할지라도 나는 좋은 점수를 받았을 것이다. 왜냐하면, 5초를 더 달라고 함으로써 나는 그 답변에 성실하게 대답하기 위해 노력을 했다는 것을 면접관에게 드러낼 수 있었기 때문이다.

나를 아끼고 칭찬하라

지금 회사에 다니고 있는 대부분 직장인은 임원면접을 거쳐본 경험이 있을 것이다. 임원면접은 정답이 없다. 정답이 없기에 더 어렵다. 주변에서도 최종면접에서 탈락한 수많은 친구가 있는데 대체로 본인이 떨어진 이유를 도저히 모르겠다며 나보고 분석해달라고 한다. 위 세 가지는 임원면접을 대하면서의 내 생각들을 얘기했다면, 임원면접에 조금이라도 더 긍정적인 결과를 가져올 수 있는 나만의 비법을 공유하면 다음과 같다. 공통점은 나를 믿고 아끼는 것이다. 임원면접에 100% 합격할 수 있는 6가지 비결을 소개하겠다.

1. 모른다고 하지 말아라

임원들은 주로 일과가 보고받는 것에서 시작해 보고를 받으며 하루를 마친다. 회사의 중대한 의사결정을 해서 회사의 사업 방향을 결정하는 것이 임원의 존재 이유이기 때문이다. 늘 보고를 받는 입장이기 때문에 난감한 질문을 했을 때 발표자 혹은 보고자가 어떤 태도로 대답을 하는지 많이 본다. 그렇기에 생각보다 취업준비생이 알지 못할 만한 난감한 질문을 하는 경우가 많다. 정답을 듣고 싶다기보다 어떻게 대응을 하는지 보기 위함이다. 이럴 때 생각이 안 난다고 해서 모른다고 대답하면 안 된다. 금세 포기한다고 생각할 수 있다. 그럼 어떻게 대답해야 할까?

나는 "5초만 생각하고 말씀드려도 괜찮을까요."라고 말하고 최대한 논리적으로 생각하려 애썼다. 그 뒤 차분하게 대답했다. 타 지원자들보다 5초를 더 번 것이다. 질문에는 완벽할 필요 없이 내가 아는 선까지만 대답한다. 실제로 내가 부사장님께 받은 질문을 복기해서 예를 들어보겠다.

−실제 질문: 당사는 A 전략을 사용하고 있는데 그 이유는 뭐라고 생각하며, 본인이 생각하기에 당사 ○○국가 진출의 알맞은 전략을 말해보아라.

지원자가 A 전략이 무엇인지 모른다고 가정하자. 나는 실제로 A 전략이 뭔지 몰랐다. 전혀 긴장할 것 없다.

지원자 1: 저는 당사가 이 A 전략을 사용하고 있는 이유에 대해서는 파악하지 못했습니다. A 전략의 명확한 정의를 숙지하지 못했기 때문입니다. 추후 이 부분은 공부하여 보완하도록 하겠습니다. 하지만 저는 B 전략에 대한 지식은 가지고 있습니다. B 전략의 장점은 ~~ 따라서, B 전략을 당사에 적용하여도 좋은 성과를 낼 수 있다고 생각합니다.

지원자 2: 저는 당사가 이 ○○전략을 사용하고 있는 이유에 대해서는 파악하지 못했습니다. 추후 이 부분은 공부하여 보완하도록 하겠습니다. 하지만 제 고견으로는 최근 ○○국가는 급격한 인플레이션에 따라 경기가 침체하고, 소비자들의 구매 욕구가 감소하고 있습니다. 이런 이유로 이런 방향으로 진출하는 전략이 맞다고 생각합니다. 이러한 방향 전략으로는 B 전략이 있습니다.

누가 임원면접관에게 기억에 오래 남을까? 당연히 '지원자 2'다. 명확한 본인의 근거에 대한 논리와 배경이 뒷받침되기 때문이다. 설령 B 전략이 회사와 맞지 않는 전략이었다 해도, 본인의 논리이기에 아무리 면접관이라도 그것을 틀렸다고는 말할 수 없다. 이건 내 생각이기 때문이다. 이처럼 답변할 때 명확한 근거를 들어 자신 있게 전달한다면 좋은 인상을 남길 수 있다. 그냥 이유 없이 모른다, 내가 아는 것만 어필하려고 하지 말자.

2. 깨달음을 이야기하라

보통 면접지원자들은 대체로 사회초년생이기 때문에 본인이 돋보이려고 본인이 쌓은 역량, 성과들에 대해 강하게 어필하는 경우가 많다.

이건 오히려 독이다. 한 기업의 임원을 다는 것은 마치 군대의 장군처럼 별을 따는 것과 같다. 그만큼 인생의 산전수전 다 겪은 사람들이다. 그들에게는 20~30대 초 면접자들의 성과들은 다 비슷비슷해 보일 것이다. 그렇다면 성과를 얘기할 때 어떤 태도로 임해야 할까?

보통 임원면접까지 올라간 지원자의 경우 다 본인이 자기소개서에 어필한 본인만의 경험이 있다. 그 경험은 아무리 사소한 것이라도 상관없다. 거기서 '무엇을 배웠는지'와 '어떤 깨달음을 얻었는지'만 강하게 어필하자.

사람들이 말하길 경험은 돈 주고도 살 수 없는 최고의 자산이라고 한다. 독서의 중요성도 여기서 나온다. 단 몇만 원으로 다른 사람의 경험을 직접 살 수 있기 때문이다. 하지만 누군가에게 듣거나, 책에서 본 지식보다 실제로 내가 겪은 경험은 100% 정확하고 통찰력의 질도 다르다.

편의점 아르바이트를 3개월 했다 치자. 단순 반복 작업을 하다 "나는 편의점 업계에 일해 보았기 때문에 일이 익숙해서 편의점 업계에 입사해서 잘할 수 있다."라는 답변보다는, "편의점 업무를 해보니 주말 아침에는 손님이 ○○제품을 많이 구매하는 것을 알 수 있었다. 주말이 다가올 땐 ○○제품의 발주를 늘릴 필요가 있다.

술을 사러 오는 손님들은 대체로 계산할 때 먹을거리(군것질) 제품을 구매하는 것을 알 수 있었다. 이에 맞는 ○○업체와 협업 ○○마케팅이 효과가 있겠다."라고 같은 작은 일을 해도 본인만의 깨달음, 통찰력이 당락에 결정적인 영향을 끼치는 것을 잊지 말자.

3. 얼버무려도 괜찮다

임원들은 면접관으로 수도 없이 자리했던 사람들이다. 이 사람들이 어떤 질문을 했을 때, 질문의 의도를 파악하고 솔직한 본인의 답변을 얘기하면 된다. 단, 얼버무려도 괜찮다. 긴장되면 누구나 말을 더듬을 수 있다.

다만 본인이 말하다가 '다시 하겠습니다.'라는 말은 절대 하지 말자. 답변을 외운 느낌을 넘어 답변에 진정성이 전혀 묻어나지 않기 때문이다. 특히나, 보통 면접지원자들은 1분 자기소개를 할 때 간혹 긴장하는 경우 '다시 하겠습니다.'라는 말을 많이 한다. 만약 본인이 준비한 멘트와 다르게 했더라면 그냥 포기하고 다음 얘기하자. 뱉은 말을 다시 주워 담으려고 하지 말자. 오히려 마이너스다. 그들은 눈빛 하나로도 당신이 지금 무슨 생각을 하고 있는지 알고 있다.

4. 성장 가능성, 그릇의 크기를 보여라

임원들은 신입을 채용하는 데 있어 신입의 답변에서도 본인이 생각하지 못했던 참신한 아이디어를 듣고 싶어 한다. 지금 회사 방향에 맞는 새로운 아이디어나 방향성 있는 답변도 중요하지만, 무엇보다 중요한 것은 본인의 성장 크기다. 100조짜리 회사를 만들기 위한 본인의 회사에 대한

비전을 새롭게 제시하고 틀려도 괜찮으니 본인의 논리를 뒷받침한다면 최상이다.

임원들도 다 그 자리를 경험해 보았고 거쳐본 사람들이기 그 때문에 어리고 젊은 직원들의 패기와 용기에 긍정적인 점수를 줄 것이다.

5. '진실성'과 '절실함'을 보여라

임원면접에서 가장 중요한 2가지다. 다른 것이 다 부족했더라도 30~40분 남짓 되는 임원면접에서 이 두 가지를 보여주었다면 합격일 가능성이 크다. 임원들도 지금 이 회사 말고도 수많은 회사에 지원했다는 것을 당연히 알고 있다. "이 회사 말고 어디 지원했냐."라는 상투적이고 원론적인 질문에 솔직하게 답변해라. 임원들은 진실성을 보고 싶어 한다. 나중에 함께 일을 해야 하는데 진실성 없는 허위보고, 거짓 답변을 하는 것이 보인다면 그 어떤 임원이 같이 일하고 싶겠는가?

이 회사에 붙는다면 절대 그만두지 않을 거라는 '절실함' 또한 보여주어야 한다. 그래서 어떤 임원은 실제로 나이가 많거나, 자녀가 있거나, 전문직 시험에 수년간 도전하다 취업준비로 돌린 지원자들을 선호하는 사람도 있다. 그만큼 절실하므로 도중에 그만두거나 다른 생각을 잘 하지 않는다고 생각하기 때문이다. '끈기'가 있는 지원자로 비칠 수 있으므로 꼭 이 회사에 입사해야만 한다는, 그만두지 않을 거라는 강한 절실함을 보일 필요가 있다.

6. 시키는 것만 해라

간혹 열정이 넘친 나머지 마지막 보여줄 것이 있냐고 묻거나, 마지막 할 말을 할 때 과장해서 답변하는 때도 있다. 혹은 질문도 안 했는데 직접 나서서 본인이 했던 경험을 강하게 어필하는 때도 있다. 이 둘은 내가 실제로 했던 오류였다. 물론 이 면접에서는 모두 낙방했다.

마지막에 최종 합격했던 회사에서 나는 마지막 한마디를 정말 야심차게 준비했다. 이 회사에만 4번이나 지원했었기 때문에 마지막 할 말에서 4번이나 지원했다고, 강한 인상을 남길 수 있는 절호의 기회라고 생각했다.

그런데 실제 면접에서 마지막 질문이 끝나고 마지막 할 말을 시키지 않고 면접장을 그냥 나가라고 하는 것이 아닌가. 0.5초 동안 나는 고민했다. 기가 막히게 준비한 내 마지막 한마디를 하고 싶다고 할 것인가 말 것인가. 결국은 난 하지 않고 바로 면접장을 나왔다.

지금 생각하면 마지막 한마디를 말했다면 오히려 낙방했을 것이다. 당시 내가 마지막 면접자리였고, 모두가 지친 상황이었다. 내가 마지막 답변을 하면 옆에 타 지원자도 공평하게 마지막 말을 시켰어야 할 것이고, 과장한다는 인상을 남겼을 것이다.

합격하고 싶은 마음은 누구나 알고 있다. 하지만 말이 많아지면 그만큼 실수도 잦아진다. 물어보는 것에만 정확히 대답하고 쓸데없는 말, 돌발적인 행동은 절대 하지 말자.

이처럼 열심히 준비한 나 자신을 믿고 충분히 그 상황에 대해 생각해보고 답변한다면 무조건 좋은 결과를 얻게 된다. 어쩌면 나 자신을 칭찬해주고 자신감을 북돋아 주는 것이 가장 중요하다고 할 수 있다. 자신을 믿지 않으면 누가 나를 먼저 믿어주겠는가?

사람에게 안 좋은 일이 생기면 '왜 나한테만 이런 일이 일어나지?', '나만 왜 운이 없지.'라며 더 안 좋은 생각이 든다. 과거의 안 좋았던 일들이 자꾸 더 생각이 나고 사람이 주변의 부정적인 것들로 금세 매몰된다. 하지만 순간순간 내가 가고자 했던 길 사이에서 칭찬을 받은 적이 이렇게나 많다. 행복하고 좋았던 기억보다 우울하고 힘들었던 일의 경도가 다르고 충격의 정도가 달라 조금 더 세게 내 뇌에 각인되어 있어 전자를 어쩌면 잊고 살았다.

우리는 경쟁에 매몰된 사회에 살고 있다. 사람들은 서로 칭찬과 격려보단 질책, 질투, 남을 깎아내려 경쟁에서 이기고자 하는 마음뿐이다. 내 사람이 아니고서야 칭찬에 인색할 수밖에 없다. 칭찬 대신 현대인들에게는 스트레스가 자리한다.

지금껏 회사도, 가족도 아무도 내 삶에 책임을 져주지 않는다는 생각이 머릿속 많은 부분을 차지하고 있었다. 내 삶을 지키는 데에만 혈안이 되어 살았다. 돈도 많이 벌고 싶고, 여자 친구한테 더 잘하고 싶고, 내 사람들을 다 챙기고 싶고, 일도 잘하고 싶고. 그야말로 내 능력대비 모든 것이 의욕과다였던 것이다.

그렇다면, 내 인생에서 칭찬을 더 받기 위해 노력하면서 스트레스를 없앨 수는 없었던 걸까? 맞다, 없었다. 이 세상에 스트레스 없는 삶은 존재하지 않는다. 내 인생도 스트레스가 없었던 적이 단 한 번도 없었다.

누군가는 여행을 좋아하는데도 여행 가서 예정에 없던 급작스러운 일로 여행 내내 스트레스를 달고 살 수도 있다. 또 다른 누군가는 그토록 원하는 회사에서 승진했는데도 더 많은 책임감과 높은 업무 강도로 스트레스가 과거보다 늘어났을 수도 있다. 이 모든 스트레스의 원인은 우리 모두 미래를 아무도 예측하지 못하기 때문이다. '만족하지 못했던 과거'와 '불확실한 미래' 이 두 가지가 스트레스로 귀결된다.

돌이켜보면 나는 스트레스를 받을 때 그저 지금 이 시기가 빨리 끝나기를 바라며 인생을 살아왔다.

고등학교 때는 빨리 입시가 끝나길 바랐고, 대학생 때에는 지방에서의 우물 안 개구리 대학 생활이 빨리 끝나길 바랐고, 군대에서는 빨리 전역하기만을 바랐고, 멕시코에서는 산전수전 다 겪고 다 그만두고 빨리 한국에 가고 싶었고, 미국에서도 얼른 이 인턴을 끝내고 한국으로 가서 친구들 보면서 취업준비를 해야 한다는 생각이었다.

내가 처한 환경에 대해 좀 더 돌아보지 않고 불만족을 안고 미완성인 상태로 늘 다음 스텝만을 고대했다. 다음엔 다르겠지. 다음엔 더 특별하겠지. 돌이켜보면 잘하고 못하고의 결과나 평가보다 내가 다음 스텝으로 밟아나가는 그 과정 자체가 의미 있는 삶인데 가장 중요한 것을 놓치며 살았다는 생각이 든다.

결과가 어찌 됐든 지금까지 계속 나는 자신의 길을 찾았고, 그 길을 잘 헤쳐 왔지 않은가? 100% 내 노력으로 순전히 이룬 결실들이다. 근데 왜 현실에 만족 못 하고 늘 불평불만인 걸까?

주변 사람들은 말한다. 아니, 누구나 하지 못하는 경험을 하고, 멕시코에도 살고, 미국에서도 살고, 정말 좋은 곳에 취업해서 일도 하고, 책도 출간하고 누가 봐도 너무 대단한데 왜 불안해하냐고. 왜 나는 늘 불안해하며 더 큰 것을 쫓는 삶을 사는 것일까. 과정에 만족하고 순응하고 받아들이지 못했기 때문이다.

나 자신에게 매우 너그러워져야 한다는 생각을 한다. 그 너그러움의 시작은 단연 칭찬이다. 내가 부족했던 것에만 늘 자기객관화를 하고 날을 세우고 엄격하게 나 자신을 통제했다. 왜 잘한 점, 대단한 점은 객관적으로 보지 않고 엄격하고 인색하게 굴었단 말인가. 왜 그 어떤 보상도 나 자신에게 안 주고 있었나.

여자 친구가 나를 챙기기 전에, 가족이 나를 보살피기 전에 나 자신에게 칭찬과 격려, 아낌없는 선물이 필요하다. 이것이 어쩌면 진짜 슬럼프를 극복하는 방법일 것이고, 또 다른 행복한 시작을 할 수 있는 건강한 방법이다.

사필귀정에 필수적인 당근과 채찍. 정작 나에게는 채찍만 늘 때리고 있었다. 그러니 과정도 무시한 채 늘 앞에 보이는 결과만을 쫓을 수밖에. 뒤에서 또 다른 내가 채찍을 들고 쫓아오고 있기 때문이다.

호텔에서 호캉스를 혼자 1박 하는 것도 좋고, 비싸지만 정말 평소에 먹고 싶었던 음식을 먹으러 가도 좋다. 온종일 아무 걱정 없이 읽고 싶었던 책을 읽으며 누워 있는 것도 좋다. 사고 싶었던 옷이나 신발을 사도 좋다. 새로운 도약 앞에서 나에게 좀 더 너그러워지고 칭찬을 아끼지 말자. 오로지 내 생각만이 내 인생을 좌우한다. 내가 처한 그 어떤 상황이든 생각을 어떻게 하느냐에 따라 일이 잘 풀릴 수 있고 지옥으로 치닫는다는 것을 말이다.

일이 안 풀리거나 세상살이가 내 맘대로 되지 않을 때 정답은 딱 두 가지다.

첫째로, 내가 스스로 바꿀 수 있는 것에 집중한다. 어제 내가 나를 꾸짖는 상사 앞에서 '아! 그때 이 말을 했더라면' 혹은 '지난주 있었던 중요한 약속 앞에 지각하지 않았더라면' 후회해도 애석하게도 이미 지나갔다. 내가 바꿀 수 있는 것은 아무것도 없다. 따라서 내가 스스로 개선할 수 있는 것에만 집중해야 한다. 그리고 지금 이 현실을 온전히 100% 받아들인 채, 하루빨리 이 상황을 벗어날 궁리를 해야 한다. 내 친구도 본인이 조금이라도 더 행복한 인생을 살고자 본인이 지금 할 수 있는 술을 끊고 바리스타 국비학원에 다닌 것이다. 본인에게는 지푸라기라도 잡는 심정일 수 있지만 그렇게라도 하지 않으면 냉정하게 대한민국에서 우리는 살아남을 수 없다.

둘째, 지금 가진 것에 감사해야 한다. 이것은 미니멀리즘의 가장 근간이 되는 마음가짐인데 사물이나 물건뿐 아니라 나 스스로에 대한 모든 것에 해당한다. 내가 가지고 있는 것, 내가 가진 환경, 내 여자친구, 사랑하는 가족 나를 둘러싸고 있는 소중한 것들에 감사하면 매사에 욕심이 줄어드는 경험을 할 수 있다.

사회적 명예와 부를 이미 이룬 사람들이 공통으로 하는 말이 있다. 바로 젊음, 청춘이다. 그들은 자신의 명예와 전 재산을 털어서 젊을 때로 돌아갈 수 있다면 기꺼이 돌아가겠다고 이야기한다. 이것은 바로 우리가 지금 가지고 있는 것, 앞에 놓인 현실이 그토록 소중하기 때문이다. 그어떤 무엇을 시작하기에 늦은 나이가 아니라는 것이다. 즉, 부자들은 '가능성'에 배팅한다. 무수한 시간 속에서 우린 그저 하기만 하면 된다. 나도 지금 생각해 보면 20대 때 아무 생각 없이 멕시코에서 스페인어만 공부하던 그 시절이 그립다. 미국에서 영어만 공부했던 그 시절이 너무나도 소중하게 여겨진다. 그 당시는 물론 그때 나름대로 고충과 힘듦이 존재했지만 지금 생각하면 그것은 아무 문제도 되지 않을 만큼 사소한 일이다.

셋째, 자기 돌봄이다. MZ세대에겐 가장 중요한 건 바로 자기 자신이다. 절대 조직이나 타인을 위해 희생하지 않는다. 나 자신의 인생을 발전시키고 더 나은 내 모습을 만드는 것이 진정한 갓생이다. 나 스스로 계획한 미라클 모닝이나 영어공부 등 자기 계발이 선순환을 낳는다. '회사에서 성공하겠다.', '큰 사업체를 이루겠다.'라는 장기적인 목표보다 조금 더 단기적인 작은 성취를 이루어가며 본인들의 자존감을 키워나간다. 지금 당장 할 수 있고, 내 능력을 사용하여 최대한 빠르게 보상받을 수 있는 것들을 찾아야 한다. 자기만 생각하는 이런 모습이 기성세대들에겐 이기적이고 단체생활에 부합하지 않는다고 볼 수 있지만 남는 건 이것밖에 없다는 것을 우리는 현명하게도 지금 20대, 30대에 이미 알고 있다.

우리들의 아버지를 보자. 30년이 넘도록 평생 한 회사에서 인생을 갈아 넣었는데 지금 가족이 아니고서도 아버지들의 인생에 남는 것은 무엇인가? 아파트 한 채밖에 없다. 그것도 있으면 다행이다. 그러고는 회사에서의 승승장구하던 시절들이 마치 신기루처럼 머릿속을 스쳐 가고 한순간에 버림받고 만다. 그런 이들을 바라보며 우린 이미 젊어서부터 아는 것이다. 남는 것은 나뿐이라는 것을. 내가 생각하는 것이 옳다고 믿으며 살아가는 것이 최선이다.

마지막으로 쉴 때와 일할 때 공과 사를 철저히 구분한다. 일하거나 공부를 할 때는 집중해서 하고 내 할 일이 끝나면 격하게 쉬는 것이다. 그냥 누워만 있기에 쉬는 것도 시간 낭비라고 생각해 평소에 가고 싶던 나라에 해외여행을 떠나거나, 용돈을 모아 오랫동안 사고 싶었던 물건을 사거나, 본인의 버킷리스트를 이루거나 평소에는 시간이 없어 할 수 없는 추억거리를 찾는 데 시간을 쓴다. 그것이 의미 있는 재충전이며 내가 한 발 더 나아갈 수 있는 버팀목을 제공해 주기 때문이다.

우리는 어릴 때부터 정답을 강요받으며 산다. 모범적인 삶이 정해져 있으며 그것을 어길 땐 주변의 질타를 받는다.

멕시코에 있을 때 집 앞에 매일 아침 어디서 요리한지 정체도 모를 바구니에 든 타코를 파는 아저씨가 계셨다. 항상 웃고 계셨다. 내 구두를 10페소에 닦아주는 학교 앞 아저씨의 삶도 그 자체로 너무 소중하다. 하루하루가 행복해 보였다. 4페소에 담배 한 개비를 팔던 길거리의 아주머니 눈에는 늘 사랑이 가득했다.

너무 다 잘 지낸다. 더 행복하다. 눈치 안 보고 각자만의 삶을 살아가는 것이 진짜 갓생이고 그것을 지금 2030들이 대한민국에서 처음 이끌어가고 있다고 믿는다.

지금 당장 거절하라

꼭 취업시즌만 거절을 당하는 것은 아니다. 사실 그전부터 늘 우리는 거절을 당하면서 컸고, 취업에서 유독 더 그것이 더 크게 체감될 뿐이다. 사실 취업 후 더 많은 거절이 우리 앞에 서 있다. 우리는 거절 받아야만 하고, 또 거절해야만 한다. 살아가며 거절을 하는 주체자, 거절을 받는 수용자의 입장 모두 겪어야 하는 필수불가결한 요소다.

거절은 잘못된 것이 아니다. 거절을 받았다고 해서 내 미래가 불투명해지는 것도 아니다. 거절을 통해서 새로운 기회를 모색할 수 있고, 한발 나아갈 수 있는 전화위복이 되기도 한다. 분명한 것은, 거절하는 주체자는 매정한 것이 아니라, 상대방을 배려하는 마음을 가지고 있다는 사실이다.

거절하는 주체자 처지를 생각해 보자. 거절했을 때 상대방이 기분 안 좋아하는 것을 두려워해 거절을 못 하고, 어영부영 확실한 결정을 내리지 않는다면 그 둘에게 모두 손해다. 매사에 그것이 무엇이든 상대방은

답을 하염없이 기다리고 있을 것이고, 답이 늦으면 늦어질수록 본인을 존중하지 않는다고 여긴다. 예를 들면 아직 많은 기업이 탈락자에게 면접 결과를 알리지 않아 지원자들의 속앓이가 한때 인터넷을 달궜었다. 그 이후로 모든 지원자에게 합격, 불합격 면접 결과 여부를 무조건 통지하도록 국회 법령이 통과되어, 이제 기업들은 합격 여부를 알려주지 않을 시 과태료를 물게 된다.

취업만 이런 건 줄 알았더니, 살다 보니 나도 많은 거절을 겪고 있다. 첫 책을 낼 때도 마찬가지였다.

"좋은 기획이나, 저희 출판사의 방향과 맞지 않아~."

"저희 출판사의 역량 부족으로~."

"아쉽지만 저희는 ○○분야에 현재 집중하는 출판사로서~."

이런 수많은 거절 속에 첫 책이 나왔다.

연애할 때에도 내가 좋아하는 음식을 상대방이 안 좋아할 수도 있고, 나는 그녀를 너무 좋아하는데 갑작스러운 이별 통보에 멘탈이 흔들릴 수도 있다. 100% 맞을 줄 알았던 이성이었는데도 안 맞는 부분을 발견한 커플들, 결혼을 며칠 앞두고 파혼을 한 사람들, 이혼을 한 사람들 등 너무나 많고 복잡한 관계 속에서 우리는 늘 거절을 경험하고 있다. 현재 법원에 이혼 신청을 하는 부부들이 줄을 서서 신청을 한다고 한다. 실제로 그 사진을 보았을 땐 작지 않은 충격을 받았다.

내 친구는 주말마다 3개씩 소개팅을 한다. 점심/저녁 나누어 본인과 잘 맞는 짝을 찾기 위해 처절하게 노력한다.

나는 취업준비생 시절 300개를 넘는 자기소개서를 썼다.

이처럼 취업을 할 때도, 책을 낼 때도, 누군가를 만날 때도 이 모든 걸 경험하며 느낀 것은 우리는 그저 1승만 하면 된다는 것이다. 100개에 지원을 하든, 200개에 지원을 하든 나와 맞는 곳 한 군데는 무조건 있으니 그곳에서 일하며 내 역량을 펼치면 된다. 출판사든, 연인이든 다 똑같다. 세상을 살다 보면 우연히 나와 결이 비슷한 사람을 분명히 만나니, 우리는 거절에 전혀 감정이 동요될 필요도 없이 내 길을 찾아가면 되는 것이다.

기회는 사람에게서 나온다. 사람이 주는 것이다. 하늘이 주는 것이 아니다. 나와 맞는 사람은 이 세상에 분명 어디에 있다.

사실 거절을 해야 하는 사람과, 거절을 받아들여야 하는 사람 이 둘 양극 간의 마음가짐은 비슷하다. 두 쪽 모두 불편하고 긴장된 상황이다. 그 불편함을 무릅쓰고 하는 이유는 거절함으로써 상대방과의 관계를 끝내려는 것이 아니라 오히려 상대방을 위하는 마음이라는 것을 우리는 인지해야 한다. 거절하는 사람이 오히려 더 멋있는 사람이다. 맺고 끊음이 확실한 사람이기 때문이다. 상대방에게 더 이상의 시간 낭비를 안 하도록 돕고, 명확한 내 의사를 전달하기에 그 어떤 오해의 소지도 생기지 않게 할 수 있다.

정말 친한 친구가 돈을 빌려달라고 한 적이 있다. 꽤 큰돈이었는데, 너무 친한 친구였기에 나는 고민하지 않고 빌려주었다. 그 친구에게 거절한다는 것은 우리의 우정에 반하는 행위라고만 생각했다. 친구를 실망시키지 않기 위해서 돈을 빌려준 것이다. 하지만 약속된 날짜에 친구는 돈을 갚지 않았고, 오히려 내 쪽이 을이 되어 그 친구에게 닦달하고 오히려 관계가 틀어진 적이 있다. 지금은 잘 풀고, 돈도 다 갚았지만 애초에 내가 처음부터 명확히 거절했더라면 이런 일은 애초에 발생하지도 않았을 것이다. 누군가가 무리한 부탁을 할 때 거절을 하는 것이 온전히 나를 위한 일이며, 상대방에게 더 예의를 갖추게 되는 일임을 실감한다.

이처럼 관계에서 거절한다고 나를 떠날까 봐 두려워하는 사람이 많다. 나이가 듦으로써 관계가 좁아지는 것은 모든 사람에게 해당한다. 친구들도 각자의 일에 치여 만날 시간도 없고, 시간과 자원은 한정되어 있으니 당연히 넓은 관계보다 더 편안한 관계를 찾게 된다. 각자만의 고유한 자아가 커짐으로써 내 자아와 조금이라도 틀어져 있는 사람이 있다면 굳이 내 시간과 돈을 써서 만날 필요가 없는 것이다.

거절을 두려워하지 말자. 오히려 더 자연스럽게 생각해야 하며 내가 나아가기 위한 당연한 행위다. 내 주위 사람들을 보자. 10명 중 4명은 나에게 크게 관심이 없고, 3명은 날 좋아하고, 3명은 날 끔찍이 싫어한다.

그만큼 나를 모두에게 맞출 수 없다. 내 능력을 봐주는 곳을 찾고, 거기에 집중한다면 이 세상 못할 일은 아무것도 없다.

단, 조건이 있다. 수많은 거절 속에서도 무조건 꾸준해야 한다는 것이다. 중간에 포기만 하지 않는다면 빛을 볼 날은 무조건 온다. 일이든 관계든 무엇이든 초심을 잃지 않고 나만의 고유한 방식으로, 끝까지 나아가면 나중에 시간이 흘렀을 때 그때의 거절이 더 고맙게 느껴질 것이다.

200군데에 떨어져도 취업을 했고, 출판사로부터 수많은 반려 속에 책도 출간했고, 자주 싸웠지만, 결혼도 앞두고 있다. 수많은 거절 속에서도 결국은 다 해냈다.

거절의 끝은 비극이 아니다. 이 세상 모든 거절의 결론은 밝은 미래다. 거절이 곧 내 밝은 미래의 문과 창이 되어줄 것이다. 거절과 함께 우리는 하루하루 더 성장할 수 있다. 단, 포기만 하지 않는다면.

나만의 공간을 가져라

서울에 원룸을 구했을 때는 내 인생 서울 첫 상경이었다. 전세 1억 5천에 관리비 6만 원. 대치동치고는 굉장히 합리적이다. 심지어 1층인 것이 너무 마음이 편하다.

빌라 문 관리가 잘 안되어, 잘 때 사람들이 들락날락하는 꺼리는 것을 제외하면 썩 불편하지 않다. 다만 내가 누워 있는 10m 이내 공부하는 책상과 침대, 부엌, 옷장, 세탁기가 모두 같이 있어 정신적으로 갇혀 있다는 느낌은 지울 수 없다. 내가 하는 모든 행동은 분리될 때 비로소 질적인 성과를 낳는다. 공부하는 곳이 분리되어 있어야 공부가 더 잘 된다. 수험생들이 집에서 공부하지 않고 스터디카페나, 독서실을 가는 이유도 여기에 있다. 잠을 자는 곳도 침실이 있어야 수면의 질이 올라가고, 요리해 먹는 곳도 역시 분리되어야 식사시간이 행복하다. 내 방이 따로 있어야 그 방에서 나만의 프라이버시를 존중받고 정체성을 키워갈 수 있다.

확실히 원룸에 살면 아무리 잘 꾸며놔도 정신적으로 피폐해진다. 물리적으로 공간 자체가 협소하기에 심적으로 갑갑하고 잠만 자는 곳이라는 느낌이 강하다. 내가 최소한의 물건으로 미니멀한 삶을 실현하며 최대한 집을 넓게 활용하려는 이유도 거기에 있다. 집에 돌아오면 편안하고 아늑하게 쉴 수 있어야 하는 공간이 더 어지럽고 불편한 느낌이 들었기 때문이다.

사실 원룸도 원룸 나름이다. 빌라 종류에 따라, 지역에 따라 크기가 천차만별이다. 최근에는 뉴스에 도저히 사람이 살 수 없는 정도의 성인 남자가 누우면 끝나는 그런 원룸이 소개되어 네티즌들의 큰 불만을 사기도 했다. 건물주나 집주인은 돈을 벌기 위한 수단으로 건물을 불법 개조하여 3~4평 되는 공간에 월세를 40만 원 이상씩 받아 온 것이다. 원룸도 이런 데 지나나, 반지하, 고시원에 사는 사람들의 고통이 충분히 이해가 된다. 공간이 좁든 말든 울산에서의 부모님 곁에 자랄 때와 다른 묘한 매력이라고 하면 나만의 공간이 있다는 것이다.

부모님과 거주하게 되면 단연 넓은 공간 거실, 방, 화장실, 베란다 아파트 주변 커뮤니티까지 모든 것이 갖추어져 있다고 할 수 있지만, 현실적으로 독립적인 내 공간이 없는 것이 사실이다. 밥과 빨래, 삶의 기본적인 것들을 늘 부모님과 함께 살며 받았지만 늘 마음 한쪽으로는 빨리 집을 나가고 싶었던 가장 큰 이유가 있다. 바로 내 삶에서 간섭을 받는다는 것이다. 함께 있는 공간이기 때문에 늘 부모님은 잔소리+한마디씩 내 행동에 대해 말을 보태시고, 이것이 늘 싸움의 원인이 되었다. 다 큰 성인

이 본인만의 삶의 영역과 리듬을 부모로부터 간섭받는 것은 여간 스트레스가 아니다.

아무리 좁디좁은 공간이라도 원룸에 살면서 나는 내 공간이 주는 소중함과 나만의 정체성을 형성해갈 수 있었다는 것이 큰 장점이라고 생각한다.

공간이 주는 행복이란 무엇일까? 먼저 일의 생산성이 향상한다. 내가 글을 쓰고 책을 읽는 공간이 따로 있으면 어떤 기분일까? 장담컨대 일의 생산성이 지금보다 두 배 이상 증가할 것이다. 주변이 전부 책으로 둘러싸여 있고, 책상 앞에 컴퓨터와 공책, 종이가 있다면 오로지 이곳에 집중할 수 있고, 나만의 공간에서 나만의 독창적인 아이디어가 나올 수 있다. 대부분 작가가 본인만의 작업실을 가지고 있는 이유다.

힙합을 보자. 힙합의 원조 미국에 가면 특히 알 수 있는 것이 힙합을 하는 사람들은 대체로 모자가 달린 큰 후드티를 입고, 모자를 쓴 채 고개를 대체로 숙이고 걷는다. 헤드셋은 필수다. 후드티를 입지 않았다면 모자를 쓰거나 선글라스를 낀다.

그 이유는 본인을 가리고, 주변 환경과 나를 모자나 선글라스를 통해 차단하면서 나만의 독창적인 공간을 만드는 것이다. 옷차림에서도 오직 나만의 공간을 만들고 싶어 하는 래퍼들의 마음은 나의 독창적인 개성을 잃지 않기 위함이다. 정확히 말하면 옛날에 힙합을 하는 사람들은 대체로 빈민층이었다. 지붕이 있는 공간에서 살지 못하니, 후드티를 이용해서라도 나만의 공간을 만들려는 욕망이다. 세상과 다른 나만의 독창성, 후드티와 모자 안 나만의 세계에서 내가 세상에 하고 싶은 메시지, 풍자, 펀치 라인, 명곡이 탄생하는 것이다.

이토록 나의 새로운 공간을 만드는 것은 나를 한 걸음 더 발전시키는 행위다. 하나의 정제된 공간이 내 일을 더 잘할 수 있도록, 더 집중할 수 있도록 해준다.

두 번째는 피로를 풀어준다. 내가 가지고 있는 공간은 온종일 밖에 있었던 내 몸을 쉬게 하는 공간이어야 한다. 그날 하루의 피로를 풀어주는 곳이어야 한다. 떠돌이처럼 돌아다녔던 20대에는 늘 새로운 것이 재미있었고, 새로운 사람들과 카우치에서 함께 밤새 술을 마시며 자기도 했고, 공간의 편안함보다는 낯선 것에 더 집착하는 삶을 살았다. 하지만 지금은 나만의 공간이 있어야 온전히 쉴 수 있고, 그렇기에 당연히 혼자가 편할 때가 많다. 변하지 않는 나만의 공간이 진짜 내면적인 쉼을 선사한다.

마지막으로 나만의 익숙한 공간은 시간을 절약시켜준다. 자본주의는 밖에 나가면 무조건 돈이다. 밖에서 음식을 먹으려 해도, 잠을 자려 해도, 정말 숨 쉬는 것 하나 제외하고 모든 것이 돈이다. 나만의 공간에서 온전히 나만의 휴식을 취한다는 것은 경제적인 절약을 주고, 시간 또한 아낄 수 있다. 이동시간, 단적으로 미국에서 호스텔을 전전하며 이동했던 시간, 숙소를 알아보는 시간 나만의 공간이 있다면 그 모든 것을 아낄 수 있다는 장점이 있다.

새로운 곳에 갔을 때의 행복, 익숙한 곳에 있을 때의 행복. 익숙한 공간을 쫓든, 늘 새로운 공간을 좇든 사람마다 생각과 가치관이 다르기에 정답은 없다. 하지만 공간이 우리에게 주는 명확한 정의는 행복을 준다는 것이다. 우리는 더 행복해지기 위해 내 공간을 더 소중히 여기고, 더 갈망하고, 더 편안하게 만들어야 하는 의무가 있다.

세상을 살아가면서 너무 행복하려고 애쓰지 않아도 된다. 행복을 정하는 기준과 취향은 시간이 흐르면서 바뀔 수도 있기 때문이다. 다만 내가 어떤 것, 어떤 곳에서 무엇을 할 때 진정한 행복을 느끼는지 스스로 발견하는 일에는 항상 시간 투자를 하고 애써야 한다.

나의 취향과 행복을 아는 것이 내가 올바르게 인생 살아갈 방법임을 모두가 알았으면 한다.

어떤 직업이 살아남을까?

삶에서 직업이 주는 궁극적 의미는 무엇일까?

70대 할아버지와 대화할 시간이 있었다. 본인의 인생 전체를 돌아보면 사람의 팔에 인생을 비유할 수 있다고 하셨다. 어깨선부터 팔이 접히는 부분까지는 10대, 팔이 접히는 부분부터 손목까지는 20대, 손목에서 마디 시작점은 30대, 손가락을 쪼개어 반은 40대, 나머지 반은 50대, 나머지는 없다고 하셨다. 인생에 무게가 날로 늘어나 50대의 이후는 쏜살같이 지나가 그냥 없다고 생각하면 된다고 한다.

손으로 대충 크기의 어림을 재면 이것이 무슨 말인지 실감을 할 수 있는데, 요약하면 10대와 20대가 인생의 50% 이상을 차지한다는 것이다. 그만큼 10대와 20대의 인생이 나머지 인생을 결정하는 것이니, 그때 어떤 인생을 계획하고 살았는지, 어떻게 처절하게 살았는지, 누구를 만났냐는 나머지 인생의 모두를 판가름 지을 수 있는 큰 요소임을 알게 되었다.

할아버지가 하신 말씀이 전적으로 맞는 말이기도 하다. 70년의 인생을 살아오면서 얻으신 인생을 보는 통찰과 연륜은 본인이 직접 경험한 것이기에 그 누구도 무시하거나 부정하지 못한다. 이래서 경험이 정말 중요한 것이다.

단, 나와 생각이 다르거나 동의하지 못하는 부분이 있다면 인생을 바라보는 참고로만 활용하면 된다.

할아버지는 평생을 사진작가로 사셨다. 은퇴하고 집에 있으니 삶을 잃은 기분이시라고 했다. 그래서 은퇴 후에도 사진관으로 출근하고, 본인 자리가 없어도 옆에 앉아 시간을 보내다 점심도 본인 돈으로 혼자 사드시고, 퇴근 시간이 돼서야 집에 오신다고 한다. 물론 그 어떤 급여나 복지혜택도 없다. 하지만 할아버지께서는 이렇게라도 하지 않으면 본인의 인생을 통째로 잃어버린 느낌이 드신다고 했다. 아침에 일어나면 가족들이 빨래를 해주고, 밥을 주고, 생활에 필요한 모든 것을 제공해 주지만 정작 내가 바라는 꿈, 자아실현을 할 수 없는 환경에 놓인다. 단 한 번도 은퇴 이후의 삶을 준비할 시간적 여유도 없었거니와, 의미 있는 시간을 보낼 수 있는 사회적 여건, 프로그램, 평생을 사진작가로 살아온 그에게 세상은 어떤 것도 제공해 주지 않았다. 아니 본인이 정보를 제공받기 위해 노력하는 방법조차 모르는 것이다.

10대와 20대는 정말 인생에서 황금기고 중요한 시기다. 이때 사회가 바라는 30대부터의 한 자리를 지키기 위해서는 죽도록 공부를 열심히 해야 하고, 부모님이 하지 말라는 것은 하지 않고 그 어떤 반항 없이 올바르게 커야만 한다. 물론 30대가 되어 뒤늦게 무언가 시도를 해서 대성할 수는 있겠지만 10대와 20대에 했던 노력의 2배, 3배는 해야 할까 말까 다.

특히 10대나 유아 시절에는 스펀지처럼 지식을 빨아들이는 수용력도 한몫한다. 뇌가 덜 자란 상태에서의 지식의 습득은 시간이 지나서도 큰 영향을 끼친다. 북한이 아기들에게 '위대한 김일성, 김정일 수령님의 은혜'를 외우게 강제로 시키기에 북한 사람들은 나이가 들어 김일성 얘기만 나오면 눈물을 흘릴 수 있다. 세뇌가 이렇게 무섭다. 미국에서 영어를 공부할 때에도, 멕시코에서 스페인어를 공부할 때에도 그랬다. 아무리 밤을 새워서 공부해도 어릴 적 살다 온 학생들을 그 어떤 수를 써서도 이길 수 없었다. 어휘의 수준 자체가 달랐다.

30대는 무언가를 새로 시작하기에 늦은 나이는 아니지만, 이미 자리를 잡은 주변 사람들과의 비교, 포기할 것들, 자신감 하락, 경제적 이유 등 10대와 20대와 비교하면 더 고려해야 하는 사항들이 많다. 10대와 20대가 후회되는 사람들이 있다면 앞으로의 삶을 조금이라도 바꾸기 위해 지금부터라도 당장 시작해야 하는 이유다.

여기서 하나 의문점은 할아버지도 10대와 20대의 열정적인 삶을 얘기하지만, 지금 본인의 삶을 보면 돈도 못 벌고 삶의 의미를 잃어버린 느낌이라 사진관에 맨날 출근하시는 모습이 결코 성공한 삶이라 보기 힘들다. 할아버지도 10대, 20대의 황금기를 정말 열정적이고 성실히 보냈기 때문에 70살이 다 되시도록 사진작가가 할 수 있었다. 한 우물만 파는 것이 얼마나 고독하고 어려운 일인지 무언가 하나라도 꾸준히 해본 사람은 안다. 정말 존경받아야 마땅할 지난 삶을 사셨다. 그런데도 왜 삶의 의미를 잃은 느낌이 드는 여생을 보내고 계신 걸까.

답은 제2의 인생을 살 수 있는 대한민국 사회적 제도, 프로그램이 현저히 부족하기 때문이다. 절대 본인의 노력 부족이라고 치부할 수 없다. 왜냐하면, 나이가 40~50대가 되면 그 어떤 직장에서도 채용을 꺼리고, 20~30대한테 밀려 그 어떤 자리에서도 온전하지 못하다. 아무리 실력이 뛰어난 사람이라 할지라도 경력이 많으면 급여를 많이 줘야 하므로 그 어떤 기업에서도 부담을 느낀다. 인제 와서 사업을 시작하기에는 20대부터 사업 준비를 한 사람들과의 경쟁에서 당연히 밀릴 수밖에 없다. 노년 준비를 위한 매뉴얼이 대한민국에는 부재하다.

서울에는 50 플러스 재단이라는 공공기관이 있다. 50대 60대들을 위한 프로그램을 만들고 지원하는 공공기관인데 주로 재취업 알선, 교육 등 노년들의 제2의 인생 설계를 돕는 데 그 역할이 있다. 다만 참여율이 저조하고, 대다수 노년층은 이런 기관이 있는 것조차 모르는 게 현실이다. 아무리 홍보를 해도 정말 일부의 노년층만 혜택을 누릴 수 있는 것이 사실이고, 정작 사회생활을 어느 정도 컴퓨터를 다룰 줄 아는 사람만이 지원이라도 할 수 있다. 더 안타까운 사실은 서울특별시 평생교육원, 서울 50+플러스 재단 등을 보면 이 모든 것이 서울특별시에서만 할 수 있다는 것이다.

왜 우리는 10~30대의 시간만 가치 있고, 후회 없이 살아야 한다고 큰소리치는 걸까? 정작 그렇게 살아온 본인들도 노년층이 됐을 때 삶의 의미를 잃어버리는 이 상황은 어떻게 설명할 수 있을까?

삶의 의미를 찾기 위해서는 직업이 단순히 내 생을 대변한다고 생각하면 안 된다. 올곧은 본인의 철학이 뒷받침되어야 한다. 유시민 작가는 왜 보건복지부 장관직까지 한 정치인에서 작가로 돌아설 수 있었을까? 본인만의 철학이 있기 때문이다. 그저 작가가 하고 싶어서 작가가 아니고, 글을 쓰면서 누군가에게 영향력을 끼치고 글을 쓰는 것이 스스로 옳다고 믿으며 살아가기 때문에 자신 있게 그 직업을 선택할 수 있었다. 사진작가라고 하면 돈을 벌기 위한 한평생 사진작가가 아니라, 이 일로써 무엇을 하고 싶은지, 명확하게 그 업에 대해 제삼자의 관점에서 객관적으로 들여다보고 그 업에 대한 철학이 있어야 시간이 흘러도 그 일을 계속할 수 있다.

남들이 취업한다 해서, 직장을 가진다 해서 그 일을 따라가기보다 조금 느려도 나만의 길을 찾아가는 과정이 삶을 더 이롭게 한다.

서점에 가보면 10대에 꼭 해야 할 것들, 20대에 놓치면 안 되는 것들, 30대가 들어서면 후회하는 것 등등 앞으로 어떤 인생을 살아가야 하는지 젊은 세대들만의 책들은 너무 많지만 정작 노년층을 위한 책들은 없다. 작가 본인도 물론 그 나이가 안 되어 봤겠지만, 사람들이 큰 관심을 안 가지는 것도 한몫한다. 지금은 우리의 생각들이 가장 혈기왕성한 나이이기에 그들보다 수용이 빠르고, 배우는 데 있어 주저함이 없지만 오래 삶을 살아온 누군가의 격언이나 인생에 대한 조언, 삶을 바라보는 태도, 오랜 경험을 통해 얻은 통찰력은 그 무엇과도 견줄 수 없이 위대하다. 지금도 우리가 논어, 공자, 맹자의 얘기들, 조상들의 위인전, 대한민국 역사를 공부하는 것이 그러한 이유다.

지금 삶의 의미를 잃어버리셨다는 사진작가님의 말을 듣고 '나 또한 그 나이가 되면 그러지 않을까?' 스스로 반성한다. 모든 것이 초연해지고, 직업을 누가 알선해 준다 해도 "지금 내가 그것을 해서 뭐 하지?", "내일 죽을지도 모르는데 그것이 나에게 어떤 의미가 있지?"를 단정 짓지 않을까 한다.

영화 〈인턴〉의 할아버지처럼 스스로 삶의 의욕과 열정을 되찾는 일이 가장 중요하지만 나 혼자서는 이루어질 수 없다. 20대와 30대의 삶과 같이 60대 70대의 삶도 소중하듯, 정작 지하철 요금 무료라는 원론적이고 맹목적인 정책보다 더 실효성 있는 프로그램과 제도로 제2의 삶을 설계하는 노년층들을 위해 모두가 앞장서야 한다.

최근 주변 퇴사하는 친구들이 많다. 이들 중에는 물론 다른 회사에 입사하는 친구도 있고, 아무 계획 없이 충동적으로 무작정 퇴사하는 사람도 있다. 하지만 여기서 눈여겨봐야 할 것은 내 주변 절반 이상이 새로운 공부를 위해서 퇴사한다는 것이다. 바로 전문직 공부다.

그렇다면 우리는 언제부터 왜 전문직에 이렇게 열광하게 된 걸까?

첫째, 사회적 인정이다. 2023년 기준, 직업은 과거보다 더 큰 가치를 지닌다. 첫인상으로 직업을 얘기함으로써 그 사람을 평가하는 잣대가 되고, 직업 하나로 그 사람 인생 전체를 판단하는 사람도 있다. 직업에 귀천이 없다는 얘기는 옛날 얘기다. 근무 강도나 적성은 그 이후의 문제다.

둘째, 높은 급여와 안정성이다. 전문직 타이틀이 있으면 어떤 곳에서 일하던 잘릴 걱정을 하지 않아도 된다. 또 다른 곳에서 나를 불러주는 곳이 있기 때문이다. 회사에 입사한다고 한들 더 높은 급여도 보장된다. 전문직은 인사체계나 연봉 테이블부터가 일반직군과 다르게 세팅되어 있다.

이 달콤한 조건들을 뒤로하고 가장 중요한 것은 이 친구의 마지막 말에 있다. '회사원으로서 결핍된 가치. 전문성 함양'. 사람은 늘 새로운 것을 배우고 그것을 내 것으로 만드는 데 있어 욕망이 있고 희열을 느낀다. 성취함으로써 더 나은 사람이 되어가는 과정. 즉, 내가 원하는 것을 이루어가는 삶. 자아실현이다.

성공은 곧 자아실현이다. 내가 대학생 때 그리고 취업준비생 때 가졌던 꿈은 모두 내 경험의 연결고리를 이어 만든 것이었다. 내가 선택하고 한 그 경험들이 내가 무의식적으로 관심 있어 했기에 그 길로 간 것이며, 지금의 나를 만들었다.

하지만 그때도 그랬고 지금도 그렇고 학생들은 늘 본인이 무엇을 좋아하고 잘하는지를 인지하는 데 큰 어려움을 겪는다. 따라서 내 관심사를 모르기 때문에 직업선택에서도 방황하고 남들이 하는 대로 공무원 준비를 하거나, 공기업 준비를 하거나 따라 하기 바쁘다. 획일화된 수업 방식, 공부 방식에 그것이 인생의 전부로 생각하고 올인한다. 떨어지면 좌절하고 재도전하며 다른 길을 볼 수 있는 시야를 잃어버린다.

그 당시 나 또한 취업준비를 하며 자기소개서를 몇백 군데나 쓰는 그 순간까지도 내 마음 한쪽으로는 나는 진취적인 삶을 살고 싶었다. 여태껏 수많은 역경과 고난을 이겨나가며 다소 늘 도전적인 무언가를 하는 것을 즐기며, 나만의 개성이 참 강했다. 남 눈치 보지 않고 내 인생을 살며, 사람 만나는 것을 좋아해 늘 상대방으로부터 무언가 배우고 싶어 한다. 이런 성격을 가진 나는 보수적인 기업문화를 가진 회사와는 절대 어울릴 수 없다. 외국계 기업이나 내 일만 주도적으로 할 수 있는 곳에 가야 한다. 하지만 나는 그러지 못했다. 단순히 회사에 나를 끼워 맞춰야 한다고만 생각했다. 그것이 맞는 줄 알았다.

직무도 마찬가지다. 그냥 아무 생각도 없이 해외 영업만 골라 지원했다. 나는 숫자에 약하고, 숫자 베이스가 거의 없어 계산도 남들처럼 빠릿빠릿하게 하지 못한다. 그런데도 스스로에 대한 깊은 성찰 없이 영어랑 스페인어를 할 줄 안다는 이유로 해외 영업만 골라서 지원한 것이다. 아니면 해외 영업이랑 조금 비슷한 성격을 가진 구매업무나, 외국어를 쓸 줄 아는 직무로.

이처럼 취업준비생 때 기대했던 업무와 Job Description이 아닌 실제와 전혀 다른 업무를 하는 것을 2030들은 지쳐 1년도 채 버티지 못한 채 퇴사를 한다. 실제와 다른 일을 시키는 회사도 문제지만 정확하게 본인이 무엇을 잘하고, 무엇에 흥미가 있는지 조사하고 성찰하지 못한 취업준비생들의 잘못이기도 하다. 즉 직무 부적합이다.

요즘 사람들은 꼭 맞는 본연의 업무를 찾는 것보다 스트레스를 덜 받고 오히려 수월하고 오래 일할 수 있는 직업을 많이 선호한다. 스트레스는 만병의 근원이다. 상사한테 하루가 다르게 맨날 스트레스를 받으면 출근하는 몸이 무거워지고 하루가 다르게 병든다. 내 주위에는 정신과 진료를 다니는 사람도 보았다. 따라서 몸이 좀 힘들더라도 정신적인 스트레스를 받지 않기 위해 2030들은 생산직도 많이 선호하고 있다. 예전 같았으면 생산직은 완전히 홀대받던 직업이었다. 반에서 공부를 안 하는 꼴등도 언제든지 갈 수 있는 것이 회사 공장 생산직과 9급 공무원이었다는 부모님의 말씀을 들으면 알 수 있다.

얼마 전에 10년 만에 채용공고를 낸 울산 현대자동차 생산직 정규직 채용공고에서는 400명을 뽑는데 18만 명이 지원하는 초유의 사태가 발생했다. 연봉은 평균 1억인 데다가 상사나 인간관계에 대한 스트레스가 없고 내가 해야 할 일만 하고 바로 퇴근하면 되기 때문에 전혀 스트레스를 받을 일이 없기 때문이다.

오죽했으면 요즘 현대자동차 생산직 공고가 7급 공무원과 비교되는 판국이다. 심지어 7급 공무원이 직접 댓글을 남긴 글을 보면 오히려 현대자동차 생산직과 비교해 줘서 감사하다는 댓글도 있다. 그만큼 몇 년 동안 노력해서 가질 수 있었던 직업인 7급 공무원조차도 월급이 적고, 스트레스를 많이 받는다는 이유로 2030에 멸시당하고 있다.

하지만 우리가 여기서 중요하게 우리가 짚고 넘어가야 할 것은 내 적성에 그 직업이 맞는지다. 현대자동차 생산직 공고에 지원한 18만 명 중 정말 생산직이 내가 오래전부터 바랐던 직업이고, 적성에 잘 맞는다고 생각한 사람이 몇이나 될까?

중 · 고등학교 때만 해도 사람들이 우러러보는 직업은 의사, 판검사와 같은 전문직, 그리고 대기업 사무직, 머리를 쓰는 직업이었다. 요즘은 심지어 유튜버를 시켜준다고 하고 아이들을 유인한 뒤 범죄, 납치도 하는 세상이다. 그만큼 어린 친구들의 직업에 대한 인식이 급변하고 있다. 유튜버는 번외로 보더라도 가장 눈에 띄는 점은 머리를 쓰고 명예로운 직업보다 무조건 편하게 돈을 많이 벌 수 있는 직업을 찾는다는 것이다. 명예보다는 돈인 세상이 되었다. 내가 생각해도 명문대를 나와서 대기업 가서 보고서를 쓰고, 인간관계, 혹은 상사에게 스트레스를 받는 것보다 돈을 좀 덜 벌더라도 단순 업무를 하는 것이 훨씬 삶의 질이 높아진다고 믿는다. 이것이 지금 현대차 생산직(기술직) 열풍이 부는 이유다.

주변에 실제 다니고 있는 현직자 친구가 있다. 초봉은 6천만 원이며(특근 포함시), 신입 때 현대차를 구매하면 약 25%의 할인을 받을 수 있고, 8시간 중 실제 근무시간은 2~3시간밖에 되지 않는다고 한다. 더 놀라운 사실은 울산 사람들만 아는 사실인데 현대차 생산직은 울산 생산직 중에 별로 좋은 조건이 아니라는 점이다. S-oil이나 SK, 석유화학 회사 등 더 편하고 대우가 좋은 생산직들이 많다. 그렇다면 20만 명이 넘는 지원자들은 왜 현대차 생산직에 열광하는 걸까?

첫째, 급여 및 복리후생이다. 일반 대기업 사무직보다 급여가 많다고 보긴 힘들어도 비슷한 수준이다. 일반 사무직의 경우에 모든 회사가 그렇겠지만 사람과의 인간관계, 업무적인 스트레스가 굉장히 심하다. 이에 반해 생산직은 나에게 주어진 업무만 하면 되고(레일에서 내 차례가 올 때), 인간관계에서 스트레스 받을 일도 적다.

둘째, 정년보장이다. 현대자동차 생산직은 귀족노조로 알려져 있다. 귀족노조라 노동자의 권리가 철저히 보장되며 과거와 달리 매우 공정하게 채용을 진행하고 잘릴 걱정도 없다. 큰 사고를 치지 않는 한 정년까지

무리 없이 다닐 수 있다. 스트레스 또한 덜 받고 진급에 있어 자유로워서 회사에 대한 책임감마저 없다. 의사결정을 주도하지 않아도 되기에 본인의 삶에 더 집중할 수 있고 가정을 챙길 수 있다.

하지만 다른 시각은 시대가 매우 빠르게 변화하고 있다. 현대자동차의 채용공고에는 로봇과 함께 하는 모빌리티 기술직을 뽑는다고 명시되어 있다. 로봇이 하지 못하는 일을 로봇 옆에서 생산직이 도와주어 완벽한 자동차 조립을 이끄는 것이다. 하지만 이마저도 10년이 지나면 모두 자동화될 확률이 높다. 앞서 설명한 듯 문과인 경우는 아무리 나이, 전공 제한을 폐지했다 하더라도 생산직 채용에 취업하기는 거의 확률이 없다고 봐도 무방하다. 자동차 관련 자격증도 없을뿐더러 관련 경험이 전혀 없기 때문이다. 면접에서 할 말이 없다. 그냥 정년 보장되고 스트레스 안 받고 돈 많이 줘서 지원했다고는 할 수 없지 않은가. 따라서 무지성 지원은 필패다. 진정성이 느껴지지 않고 설령 합격한다고 해도 적성에 안 맞아 인생에 현타가 온다. 인생에 꿈 없는 좀비 월급쟁이가 될 뿐이다.

생각의 틀을 조금만 바꾸면 보는 시야가 더 넓어진다. 취업 시장에서 남들 다 하는 대로 이력서를 뿌려서 나에게 맞지도 않는 일을 꾹 참고 몇 년간 지속하다 보면 커리어패스가 꼬이게 된다. 그렇다고 오히려 너무 잦은 이직은 문과에서 레퍼런스 상 불리하게 작용할 수 있고, 끈기가 없다는 인식을 줄 수 있기에 첫 매듭을 잘 지어야 한다.

우리나라의 직업 가운데 1%의 문과가 세상을 움직이는 기업가가 되고,

나머지 50%의 이과가 노예, 그 밑에 50%의 문과가 천민이라는 웃픈 농담도 존재한다. 이처럼 급변하는 현대사회에서 문과는 설 자리를 점점 잃어가고 있다.

그렇다면 문과 직무에 있어 미래에 어떤 직업을 선택하는 것이 유망할까? 대한민국 문과생으로서 이 힘든 세상에서 돈벌이하기 위해서는 어떻게 해야 할까?

공통적으로 먼저 문과는 '자동화'에 집중해야 한다. 앞으로 시대는 이과 쪽으로 많이 바뀔 것이다. 하지만 문과가 유일하게 필요한 부분은 이 '자동화'다. 내 한 명이 익힌 기술을 10명, 100명 어치의 가치를 만들 수 있는 일을 하면 된다. 단순노동을 혁신으로 만들면 된다. 우리가 전체적인 직무의 자동화를 이끄는 것이다. 예를 들어 로봇이 자동으로 차체를 조립하는 원리는 로봇을 만든 사람은 알겠지만 이를 설명하는 것은 문과가 할 수 있다. '사람의 말로 사람에게 소통하는 것' 그것이 문과가 가진 힘이다.

기존의 것을 개발하는 개발자가 못되어도, 개발한 것을 익히고, 매뉴얼을 만들고, 다른 사람들에게 유용하게 사용할 수 있도록 돕는 것은 문과의 특기다. 아무리 좋은 기술을 개발하면 뭐 하는가. 그것이 사람이 배울 수 없다면 아무 쓸모가 없고 세상을 바꾸지 못한다.

우리는 그 혁신적인 개발의 연결고리를 붙여 무엇을 만들고, 왜 만들고, 누구에게 효용성이 있는지 기획하고 가설을 세우는 데 집중하면 된다. 누군가를 도울 수 있다.

예를 들어 '좋아요'가 많으면 그 콘텐츠는 우수한 것이라는 가설을 세웠다고 치자. 개발자는 실제 '좋아요 수'와 콘텐츠 조회 수 등의 데이터 자료를 분석해 자료를 제공하면 우리는 거기에 관해 본인만의 데이터 해석 툴을 만들고, 논리를 강화해 통찰력을 붙여 세상에 알리고 개발자에게 확인시켜 주면 된다. 내 통찰력을 단 한 명이라도 공감한다면 그 해석은 설득력이 충분한 것이고, 그 자체로 새로운 것을 구현하는 힘이 있다는 것이다.

상세하게는 첫째, 공부의 단계가 있는 진로를 선택한다. 문과는 이과처럼 공부의 정도가 깊지 않다.

대학생 때의 도서관을 한번 생각해보자. 중간&기말고사가 아닌 시험 기간에도 도서관에는 늘 이과생들로 가득 차 있다. 중간중간 퀴즈, 과제, 시험 범위가 매우 방대함으로 평소에 공부하지 않으면 따라갈 수가 없어서 평소에 공부해야 한다. 웃프게도 이과생들은 조금만 노력하면 문과 공부를 따라갈 수 있지만, 문과생들은 대부분 노력으로 따라갈 수가 없다. 적성이 안 맞거나, 도통 머리로 이해가 가지 않기 때문이다.

문과생들도 공부의 깊이 있는 학문을 접해야 한다. 내가 생각하는 문과의 깊이 있는 학문은 세 가지다. 법, 외국어, 회계.

먼저 법은 공부의 깊이가 매우 큰 학문이다. 변호사와 판검사를 봐도 알 수 있다. 법대가 사라지는 추세라고 하지만 법을 공부하면 타인보다 공부의 깊이가 커 전문성을 가질 수 있다. 꼭 법 쪽에 전문직이 아니더라도 법을 공부하면 공무원, 군무원, 공기업(필기시험에 법을 선택하면 됨), 법원직 공무원, 국회 8급 등 다양한 시험에서 밑바탕이 될 수 있는 매우 실용적인 학문이다.

둘째, 회계는 그 어떤 회사에 가서도 필요하다. 문과의 꽃이라고 할 수 있다. 인사, 재무, 마케팅, 영업 모든 직무와 연관되어 있는 것이 회계이고, 특히 해외에 진출한 글로벌기업이라면 회계는 더 필수적이다. 현지법인 회계와 일을 하기 위해서는 전달자가 필요한데 회계랑 관련이 없는 사람도 최소한의 회계지식을 가지고 있어야 업무를 수행하는 데 어려움이 없다. 난이도별 회계 자격증은 매우 다양하다. 회계사&세무사가 되어야겠다는 거창한 목표보다 회계관리 2급부터 한 단계 밟아나가며 기초를 쌓아보자. 차, 대변이 맞는 순간 희열을 느낀다면 도전해 볼 만하다.

셋째, 제2 외국어를 배우는 것이다. 중국어는 2023년 기준 20년째 유망 언어라고 하지만, 여전히 신흥국은 건재하다. 빛 볼 날이 곧 온다. 언어는 배워놓으면 손해 볼 일이 절대 없다. 단 여기서 중요한 것은 제2 외국어만 잘해서는 안 된다. 앞으로 말하는 것은 영어를 기본으로 할 수 있다는 전제하에 말하는 것이다. 특히, 요즘 영어는 필수이다. 토익점수, 스피킹점수가 일정 점수 이상 넘지 못하면 입사 지원조차 못 하는 경우가 허다하다. 외국어는 중간&기말고사처럼 하루아침에 바짝 해서 이루어지는 공부가 아니다. 현지에 살다 왔거나, 혹은 오랜 시간 동안 시간을 투자하여 공을 들여야 겨우 말이라도 할 수 있다.

외국어는 Basic, intermediate, advanced처럼 실력의 단계가 있는 학문이다. 특히 미래 유망한 개발도상국 가령 베트남어, 스페인어, 포르투갈어, 인도네시아의 중 유창하게 하는 언어가 하나라도 있다면 먹고사는 데 지장은 없다. 인도네시아, 멕시코와 같이 현지에 주재원을 갈 수도 있고, 현지공장에는 현지인들을 관리할 한국인 중간관리자가 필수적으로 필요하므로 취업하는 데 크게 걱정할 필요가 없다. 회사는 현지 중간관리자로 현지인을 고용하지 않고 정서적인 이유, 국민성, 책임감 등을 이유로 한국인을 더 선호한다.

멕시코에서 교환학생을 마치고, 우연히 알게 된 멕시코 기아자동차 상무님께서 밥까지 사주시며 입사를 권유하신 적이 있다. 당시 밥을 12번 정도 사주셨던 거로 기억한다. 대학생인 나는 졸업을 해야 한다는 이유로 끝내 거절했지만, 그만큼 한국인이 현지 법인이나 공장에 부족한 실정이다. 일은 누구나 들어가서 배우면 되지만 열악한 환경과 이방인으로서 혼자서 외국에서 살아가는 것이 쉽지만은 않기에 사람 구하는 데 있어 큰 어려움이 있다고 한다.

단, 현지채용과 한국에서 주재원으로 가는 근로자의 급여 수준이나 복지혜택은 천지 차이니 이를 사전에 명확하게 인지하고 결정해야 한다. 한국에서 주재원으로 가면 현지 집, 차, 양육비, 보조수당 등 월급 이외에 또 다른 혜택이 많지만, 현지채용의 경우 해당 국가 노동법 적용을 받기 때문에 급여를 후려칠 가능성이 크다.

늦었다고 생각할 때가 가장 빠른 것이다. 내 지인 중 한 명은 40세에 영어를 배우기 시작해 52세이신 현재 영어 선생님으로 학원에서 강의하고 계신다. 배움에 늦음이란 없다. 특히 외국어의 경우 취업 말고도 그 나라 외국어를 배우면, 그 나라의 문화나 역사, 배경지식이 함께 따라오기 때문에 많은 지식이 한 번에 온다는 장점도 있다.

넷째, '보편적인 능력들의 교집합'이다. 이것이 무슨 말일까? 토익점수를 990점 만점 받는 사람들은 드물지 몰라도, 800점 이상인 사람들은 문과에서 많을 것이다. 보편적으로 어느 정도의 영어 실력을 갖추고 있다. 여기서 교집합으로 하나의 능력을 더 기르는 것이다. 영상편집역량이 있다고 가정하면 영어로 크리에이터를 할 수도 있고, 극단적으로 영어를 사용하는 선진국으로 가 기술을 배울 수도 있다.

말을 타는 것과 같다. 내가 말을 타는 법만 알고 있다면 말을 단순히 나에게 있어 취미로 승마 혹은 이동수단 그 이상의 가치는 없을 것이다. 하지만 내가 활을 쏘는 능력까지 갖추고 있다고 치자. 말 타고 활을 쏘면 그것은 이동수단을 넘어 전쟁에서 승리를 이끄는 장군이 될 수도 있고, 먹이를 잡아 오는 사냥꾼이 될 수도 있다.

내 친구는 베트남어학과를 졸업해 베트남어를 정말 잘하는데, 회계까지 잘한다. 취업 걱정을 한 적이 없다. 대한민국에는 회계를 할 줄 아는데 베트남어까지 할 줄 아는 사람이 많지 않다. 많을 것 같지만 정말 없다. 오히려 회사에서 인재를 구하지 못해 안달이다. 매년 연봉협상으로 동종업계 최고의 연봉을 받고 있다.

좋아하는 것 vs 잘하는 것

내가 2년 반 동안의 처절했던 과정을 경험해야 할 이유가 뭐였을까?
왜 나는 2년 반의 시간을 이렇게 고생을 하며 취업준비에 매달려야만 했
을까? 지금 밖에 나가서 길거리에 있는 사람들을 한번 보자. 모두 나와
같이 이 긴 시간 동안 자기소개서를 써가며 회사에 입사하기 위해 노력
했을까? 절대 아니다. 실제로 열 명 중 이렇게 취업준비에 매달리며 나
자신을 회사에 맞추는 사람은 3명 정도밖에 안 될 것이다. 나머지 7명은
그렇다면 회사를 안 다니는 걸까? 회사에 다닌다고 해도 조금 더 수월하
게, 프리랜서여도 조금 더 경제활동을 하기 전까지의 시간이 짧았을 것
이다.

그 이유는 무엇일까? 바로 본인이 좋아하는 것이 무엇인지 알고 있기
때문이다. 남들보다 좋아하는 것이 확실하게 있으면 그것에 좀 더 집중
하게 되고 더 잘할 수 있게 된다. 그것이 다음에 내 직업이 되는 것이다.

나는 스페인어를 우연히 관심이 생겨 멕시코에 가서 스페인어를 배우

고, 외국에서 일하고 싶어 미국으로 인턴십을 갔다. 멕시코에서 우연히 관세청에서 짧게 인턴을 하면서 관세, 무역에 대해 처음 알게 됐고, 미국에서도 물류 업체에 일하면서 자연스레 무역에 대해 생각했다. 대한민국이 지금까지 발전하면서 올 수 있었던 유일한 이유는 어쩌면 무역이고, 수출의존도가 80%가 넘는 곳이기에 무역업에 종사하면 자연스레 내가 관심 있는 것을 하면서 경제활동을 할 수 있다는 생각이 들었다.

무역에 관심이 생기면서부터 나는 영어와 스페인어를 더 열심히 공부했다. 언어는 투자하는 시간 대비 성적이 나온다. 자연스레 내가 관심 있는 분야에 시간을 투자하고 돌아보니 남들보다 자연스럽게 외국인과의 사소통을 할 수 있게 되었다. 이 둘의 교집합을 찾으면서 결국 해외사업부에 취업할 수 있게 된 것이다.

이 세상을 사는 모든 60억 인구 사람은 각자 좋아하는 것이 다르고 잘하는 것이 다르다. 모두 각자만이 가진 경험들이 다르고, 경험의 질이 다르고, 살아온 배경이 달라 그 과정에서 각기 다른 정체성을 형성해왔기 때문이다.

그렇다면 우리는 내가 좋아하는 것과, 잘하는 그것 중 어떤 선택을 하는 것이 현명할까?

만약 내가 좋아하는 것과, 잘하는 일이 하나씩 있다고 가정하면, 무엇에 좀 더 집중해야 할까?

회사원에게 좋아하는 일을 하는 사람이란 천운을 타고났다고 여길 만큼 부러움의 대상이다.

아이유는 이런 말을 했다. "좋아하는 노래를 직업으로 삼았더니 예전보다 노래가 좋지 않았다."

맞는 말이다. 사람들은 각자 자신만의 좋아하는 일이 있지만, 자의든 타의든 특정 이유로 그것을 직업으로 삼지 않았을 뿐이다.

가령, 어떤 이는 영화감상을 정말 좋아하는데 영화감독이나 영화평론가를 할 수 없는 것은 그와 관련된 교육이나 경험이 부족해서일 수 있다.

또 다른 이는 노래를 정말 잘하는데 직업으로 삼지 않은 것은 주변 환경이나 부모님의 반대, 재정적 상황 등이 엮여 있을 수 있다.

이처럼 우리 모두 각자의 외부적인 요인 때문에 좋아하는 것을 직업으로 삼을 수 없었다. 그렇기에 오늘도 출근길엔 마스크를 쓴 지옥철을 견디는 수많은 사람이 있다.

물론, 회사에서 자아실현을 하는 사람도 있다. 하지만 난 회사가 자아실현을 해주는 곳이라고 전혀 생각하지 않는다. 회사는 돈을 벌기 위한 수단일 뿐이다. 친한 지인은 ATM기라는 표현을 썼다. 그 정도까지는 아니다 할지라도 회사 내 내가 하고자 하는 직무와 역할은 있을 수 있어도 그것이 절대 내 꿈이 될 수는 없다. 내 이름을 걸고 하는 일이 아니기 때문이다. 야근하고 백날 일해봤자 사장 배 불려주는 식이다. 게다가 만약 야근을 자주 하는데 포괄임금제라면? 생각만 해도 아찔하다.

직장에서 보람된 일을 하고, 스스로 희열을 느끼고 항상 열정 있게 일하는 사람도 물론 대한민국에 있다. 하지만 여기서 잘 생각해봐야 할 것은 이 사람들이 정녕 지금 하는 일 자체에 대한 보람을 느끼는 걸까? 본인만의 일에 대한 확고한 목표가 있어서 하는 것이다. 승진이나, 회사에서의 인정, 평가보상, 이직을 위한 수단 등.

그렇다면 진짜 내 꿈을 이루기 위한 여정은 어떻게 시작해야 하는 걸까?

우리는 생산자가 될 때 비로소 자아실현을 할 수 있다. 생산자의 삶은 여러 가지가 있다. 창작자, 사업가, 강연자, 요리사, 작가, 화가 등 수도 없이 많다. 다들 한 분야에서 최고를 하는 사람들이다. 또한, 그 행위를 함으로써 다른 누군가를 이롭게 하는 것이다. 창작자는 자신의 창작물을 통해 타인을 기쁘게 하고, 사업가는 자신의 아이템을 통해 더 세상을 발전시킨다.

나는 이 세상에 존재하는 모든 잘하는 사람을 존경한다. 잘하는 것이 있는 사람을 동경하는 이유는 무언가를 잘하면 사람, 돈, 명예, 성취감 인생에 많은 것이 뒤따라오기 때문이다. 그렇다면 본인만의 좋아하는 일, 잘하는 일을 찾기 위해서는 어떻게 해야 할까?

1. 좋아하는 일

나는 여태껏 좋아하는 일을 단순히 시간이 남을 때 해 왔던 취미와 동일시했다. 집에 오면 책 읽고, 영화 보고, 수다 떨고, 컴퓨터 게임만 하며 컸으니 누군가가 물어보면 그것이 단연 내 취미가 되었다. 심지어 취미가 없는 데 없다고 하기 부끄러워 그저 남들과 비슷한 대답을 한 적도 있다. 한 번도 내가 무엇을 좋아하고 업으로 삼고 싶은지 진지하게 단 한 번도 생각해 본 적이 없다는 것이다. 태어나니까 사는 삶과 뭐가 다른가.

하지만 올해 들어 가장 큰 깨달음을 얻은 것이 있다면 내가 좋아하는 일은 내가 힘들고, 스트레스 받고, 정서적으로 불안할 때 하는 것이 진짜 비로소 내가 좋아하는 일이라는 것이다. 그것이 나에게 마음의 안정을 가져다주고 스트레스를 푸는 원천이기 때문이다.

누군가는 달리기하고, 누군가는 산책하고, 누군가는 사진을 찍고, 누군가는 요리한다. 스트레스 푸는 것이 그냥 아무것도 안 하는 것이라도 된다. 그게 바로 좋아하는 거다. 나는 글을 쓴다. 글을 쓸 때만이 온전히 내가 살아 있음을 느끼고, 잡생각이 사라지며, 정신이 맑아짐을 느낀다. 글을 쓰는 것이 내가 좋아하는 일이다. 32년간 나는 내가 좋아하는 일을 모르거나 잘못 알고 있었다. 이제 알았으니 지금부터가 의미 있는 삶이라 할 수 있다.

2. 잘하는 일

잘하는 일은 과연 뭘까? 잘한다는 것의 정의는 본인의 주관적인 잣대 없이, 타인과 비교했을 때 우월한 성과를 내는 것이 잘하는 일이다. 단순히 좋아만 해서는 안 된다.

대부분 사람에게 '당신은 잘하는 것이 무엇인가요?'라고 물었을 때 선뜻 대답하지 못할 것이다. 만약 바로 대답이 나오는 자가 있다면 축복받은 삶이다.

없으면 잘하는 일을 찾아야 한다. 어릴 때부터 찾는 것이 가장 큰 행운이겠지만 대개 그렇지 못하기에 찾을 때까지 포기하지 말고 찾아야 한다.

모두 경험해 본 적 있을 것이다. 어릴 적, 부모님이 내가 잘하는 것이 무엇인지 찾을 수 있도록 국어, 수학, 미술, 태권도, 그림, 음악 수많은 분야의 과외나 학원을 보내주신 것을. 단 하나의 독보적인 특징이 없었기에 부모님은 공부나 열심히 하라고 어릴 적 늘 야단을 치셨나 보다.

잘하는 일을 좀 더 효과적으로 찾으려면 방법은 하나다. 좋아하는 일을 그냥 계속하면 된다. 덕업일치. 얼마나 아름다운 말인가. 누가 뭐라하던 내가 좋아하는데 말리거나 야단칠 사람은 아무도 없다. 그것이 남에게 피해를 주지 않으면 된다. 좋아하는 것을 계속하다 보면 스스로 요령도 생기고 분명 구체적인 성과를 창출할 수 있다. 수영을 좋아해서 수영을 계속한다면 수영 국가대표는 되지 못할지언정, 시간이 지나 적어도 그 수영장의 그 시간대 강습 인원 중에서는 가장 잘하게 되는 것만큼은 확실하다.

단, 좋아하는 일과 잘하는 일이 다를 경우에는 문제가 발생한다. 둘 중에 어떤 것을 선택해야 하는지 혼선의 여지가 있다. 이럴 때는 고민 않고 잘하는 일을 하는 것이 맞다. 그건 바로 보상의 차이다. 좋아하는 것만 하면 그 과정 자체에서는 큰 행복이 오고 주변인들에게 칭찬을 받을 수 있지만, 보상이 없다. 하지만 잘하는 것을 하면 보상이 있다. 이 말 한마디로 설득이 되었으리라 믿는다.

또 가변성이다. 좋아하는 것은 매 순간순간 변한다. 작년에는 겨울을 좋아했는데 올여름 여자친구를 만나 여름을 더 좋아하게 될 수도 있다. 내가 좋아하는 것은 그만큼 가변성을 띤다. 하지만 잘하는 것은 절대 변하지 않는다. 건장한 체격, 운동능력, 말솜씨, 글솜씨, 내 그림 그리기 실력 등 그 누가 뺏어가려 해도 뺏을 수 없는 오직 나만의 영역이다. 내가 잘하는 것을 업으로 삼아야 남들에게 인정도 받고 사회적인 지위를 얻으며 추후 내가 나중에 진정으로 좋아하는 것을 할 수 있는 금전적&시간적 여유가 생긴다.

잘하는 것을 찾지 못하고 죽는다고 상상해 보라. 억울해서 나는 죽지 못할 것 같다.

가능한 한 많이 도전하고, 꾸준히 하자. 사람마다 각자 잘하는 것이 분명 있다. 지금도 기회는 우리 주변에 있다.

　모두가 좋아하는 것을 직업으로 삼고 싶어 하며 우리는 그런 사람을 부러워하며 자랐다. 경제적인 벌이와 자아실현을 동시에 할 수 있다는 것은 인생을 살며 몇 안 되는 큰 복이다.

　좋아하는 일은 내가 좋아하기 때문에 능동적이고 주체적으로 많은 시간을 투자할 수 있고 투자 대비 능률도 오르기에 남들보다 우위에 있을 수밖에 없다. 손흥민도 축구만 보며 자랐고 좋아했기 때문에 미치도록 노력해 지금의 자리에 있는 것이다.

　그렇다면 어떻게 해야 좋아하는 일에서 강박을 갖지 않고 '지속가능성'에 중점을 두고 계속할 수 있을까?

　먼저, 조금 내려놓는 것이다. 그 누가 시키지도 않은 일을 매일 억지로 반복하며, 스스로 강박을 느낀다면 그것은 아무것도 하지 않은 것보다 더 못한 것이다. 억지로 한 행동들에는 절대 좋은 성과가 나오지 않는다. 스스로 재밌어서 더 알아보고, 공부하고 주체적으로 한 행동에서야 비로소 내가 보지 못했던 잠재력이 나오고, 좋은 평가가 나올 수 있다. 하루 이틀 쉰다고 내가 한 업무들과 써 내려갔던 글들은 사라지지 않는다. 오히려 리프레쉬하는 느낌으로 새로운 시작을 할 수 있다. 내가 좋아하는 이 일하면서 어쩌면 챙기지 못했던 것들을 돌아볼 수 있는 재정비의 기회로 삼을 수 있다.

이 모든 것은 사실 욕심에서 비롯된 것이다. 내가 하는 일에 대한 기대치를 스스로 높게 설정해 두었기 때문에 강박을 느끼는 것이고, 그것을 따라가다 보니 내가 좋아하는 이 일에 서마저 현타가 오는 것이다.

주변에서 슬럼프가 왔다는 말을 많이 들어보았을 것이다. 주로 정상적인 상황에서 일시적으로 잠깐 번아웃이 온다거나, 내 노력, 연습 대비 뜻대로 되지 않는 결과를 초래할 때 이 단어를 많이 사용한다. 나는 이것을 '나 자신이 만든 감옥'이라고 생각한다. 스스로 강박을 느끼고 있으므로 성적 부진이나 부정적인 결과를 초래한 것이다. 시험이나 면접 전, 청심환을 먹는 이유는 조금 더 긴장을 완화하고 편안한 마음을 갖기 위해서다. 그래야 내 실력 발휘를 후회 없이 할 수 있다. 조금 더 나 자신을 비우고, 스스로 관대해지는 연습을 하자. 내가 기대했던 결과가 나오지 않아도 이 세상은 그대로이고, 그 누구도 당신을 질책하지 않는다. 이 모든 것은 다 나 스스로가 만든 감옥일 뿐이다.

둘째, 매사를 장기적으로 바라보는 것이다. 친구와 드라이브를 하다 주황색의 터널이 나왔다. 생각보다 길더라. 30초가 넘었다. 이 터널을 지나며 이런 생각이 들었다. 사람들이 흔히 칭하는 성공한 사람들을 보면 순탄한 인생을 살면서 그 자리까지 간 사람은 단언컨대 5%도 안 될 것이다. 물려받은 재산이 많거나, 정말 운이 좋거나 둘 중 하나다. 대부분이 수도 없이 많은 실패와 좌절을 겪고 나서야 그 경험치가 쌓여 그 자리까지 본인만의 노하우로 올라간 것이다.

"빌딩을 올린 자는 4~5번 죽을 고비를 넘겼다."라는 말이 있다. 빌딩을 살 수 있는 재력을 가진 건물주는 그 돈을 갖기까지 얼마나 많은 생각과 고민을 하고, 절박했을지 상상이 가지 않는다. 무엇이든 장기적으로 마라톤을 하듯이 매사를 바라봐야 한다. 「토끼와 거북이」 이솝우화는 어릴 적부터 아이들에게 조금 더 긴 호흡을 가지고 세상을 바라보라는 희망의 메시지를 알려준다. 내가 좋아하는 것을 발견했다고 해서 처음부터 막 힘을 쏟으며 열정을 붓는다면 나중에 가서 본인이 예상했던 결과가 나오지 않을 때 금세 지쳐서 포기하고 만다. '나는 안 되는 사람인가 보다.'라며 자신을 자책하기 바쁘다.

〈이태원 클라쓰〉에 나오는 박새로이처럼 복수도 장기전으로 생각하고 달려드는데 왜 내 인생을 눈앞에 보이는 것만 보면서 살려고 하는가? 빠르게 가지 않아도 정상에 도착하지 않아도 출발한 것 그 자체가 의미 있는 삶이다. 여유를 가지고 매사를 들여다보자.

셋째, 비난은 철저히 참고만 한다. 내가 좋아하는 일을 잘해오다가 그 일이 업이 되어 부담을 느끼고 멈춰야 할 것 같다는 생각이 들 때 타인의 비난 화살은 더 스스로 자존감을 갉아먹는다. 새롭게 다시 시작하는 데에도 악영향을 끼칠 수 있다. 나를 향한 비난은 절대적으로 참고만 하고 매몰되어서는 절대 앞으로 나아갈 수 없다는 걸 명심하자. 연예인들도 본인을 좋아하는 단 한 명의 팬이라도 있으므로 악성 댓글이나 뜬소문과 같은 힘든 순간들에도 버틸 수 있다고 한다. 그 한 명은 그 연예인의 단 하나의 점이라도 마음에 드는 점이 있었기에 팬이 된 것이다. 그것으로 충분히 가치 있는 삶이며 연예인의 자격이 있는 것이다. '노래를 정말 잘 한다.'라고 해주는 사람이 단 한 명이라도 있으므로 오늘도 무명가수들은 더 힘을 내어 연습실로 향할 수 있다. 나를 지지해 주는 주변 사람들로부터 두 배의 사랑을 주고, 두 배로 더 힘을 얻고, 나를 비난하는 사람들에게는 참고만 하되 머릿속에 담아두지 말자. 우리는 좋아하는 일을 찾은 것 자체가 축복이고 그들보다 한참 더 위에 있다.

4단계

분별하되
더 도약하라

시련이 와도 난 평생 싸울 것이다.
내겐 어머니라는 원동력이 있기 때문이다

가수 및 배우, 정지훈

하루를 버티는 원동력

앞서 설명한 셀프리더십을 갖기 위한 단계처럼 아무리 자기 인식을 통해 나를 알아가고, 알맞은 경험을 찾아 실행한다고 해도, 내가 삶을 버티는 근간이 없다면 셀프리더십도 단연 형성되기 어려운 것이 현실이다.

내 삶의 가장 근간이 되는 버팀목에 대해 생각해야 한다. 나에게 있어 내가 삶을 살 수 있게 힘이 되는 것들은 내가 사랑하는 사람들, 초심, 그리고 성장하고자 하는 배움이다. 이 세 가지가 있기에 셀프리더십을 통해 나를 더 가꾸고, 하루를 더 힘차게 생산적으로 살 수 있는 원동력이다. 내 인생에서 가장 중요한 것이 무엇인지 분별하되, 이를 계기로 한 단계 더 도약하자.

모든 사람의 삶에는 희로애락이 존재한다. 메일이 행복한 사람은 없다. 좋은 날이 있으면 안 좋은 날도 있고, 정말 좌절하고 힘든 순간들에도 볕 들 날은 온다. 다만 그 좌절하는 순간과 행복한 순간의 빈도의 차이일 뿐. 운이 안 좋아 설상가상처럼 안 좋은 일이 겹치는 사람들도 있을 것이며, 로또에 하루 2번이나 당첨된 사람도 있다.

그렇다면 내 인생에서 지금 가장 의미 있는 시간은 언제일까? 사람 인생은 영화 같지 않다. 생각하는 것보다 훨씬 더 꼴사납고 볼품없다. 하루하루가 똑같고 지겨운 삶 속에 나를 지탱해주고 있는 것들에 대해 생각해본다.

첫 번째는 배움이다. 30여 년을 살며 많은 것을 배우며 살았다. 영어를 참 좋아했고, 세상 돌아가는 문제에 관심이 많았으며, 공기업 입사를 준비하며 배웠던 경제학도 어렴풋이 기억난다. 덕분에 보이지 않는 손, 정부의 역할, 수요와 공급, 케인스, 사무엘슨 등 공부하지 않았으면 평생들어보지도 못했을 흥미로운 경제 논리에 대해 배웠다. 실제로 인생을살아가는 데 있어 큰 도움이 된다.

중국어도 3개월간 잠시 배웠다. 학업과 인턴 등 당시 너무 바쁜 하루하루의 삶으로 도중에 포기했지만, 나중에 기회가 된다면 꼭 배워보고 싶다.

경영학을 전공하며 마케팅도 흥미로웠다. 덕분에 첫 직장에서 해외마케팅팀에서 인플루언서를 활용한 마케팅 경험도 해보았다.

운동은 테니스, 축구, 야구, 농구, 많은 것을 시도해 봤다. 실제로 어릴 때 축구교실을 다니며 홍명보도 실제로 봤다. 하지만 지금 내게 남아 있는 것은 수영뿐이다. 수영할 때에는 아무런 잡생각이 들지 않는다. 어떤생각을 단 1초라도 하면 물을 먹는다. 머리를 비울 수 있는 운동이다. 덕분에 다이어트도 하고 삶의 질이 올라갔다. 이래서 난 수영을 가장 좋아한다.

배움에 있어 가장 열정적이었던 것은 단연 스페인어다. 그저 20살 때 스페인어의 매력에 빠져 하나둘 어휘를 익히고 멕시코로 갔다. 큰 고민도 하지 않았다. 그렇게 다사다난했던 시절을 거쳐 스페인어로 고민 않고 뭐든지 말할 수 있을 때 한국에 왔다. 다른 언어를 배운다는 것은 내가 보는 세계관이 넓어지는 것을 뜻한다.

시간이 지나 꿈이 있다면 스페인어로 글을 써보고 싶다. 시를 써보는 것도 생각 중이다. 문법이 100% 완벽하지 않더라도 내 감정과 하고 싶은 말이 전달된다면 얼마든지 AI 혁명 시대에 번역쯤이야 식은 죽 먹기다. 꿈을 이루기 위해서 지금 나는 전화 스페인어를 놓지 않고 있다.

꿈을 이루는 것과 별개로 내가 최근에 관심이 있는 것은 철학이다. 우연히 『철학은 어떻게 삶의 무기가 되는가』라는 책을 읽었다. 샤넬 가방은 가격이 무려 1,200만 원이 넘는다. 도대체 무엇으로 만들었기에 1,200만 원이 넘어가는가?

사람 사는 데 생각하고, 놀고, 먹는 생활 자체의 범주는 다 똑같다. 크게 달라지지 않는다. 사람들이 소유하길 원하고, 바라는 것들은 10년, 아니 50년이 지나도 같을 것이다. 클래식은 영원하다. 이래서 철학이 중요하다. 인간의 본질적인 부분을 탐구하는 철학은 나를 요즘 가장 흥미롭게 해주고 있다.

사람들은 대개 자아실현을 하는 사람은 성공했다고 믿는다. 꼭 내 꿈을 이룬 자아실현이 아닐지라도 끊임없이 무언가 배우고 싶다. 배움이라는 것이 즐거우므로 오늘 하루도 열심히 살아갈 수 있는 원동력이지 않을까 한다.

두 번째는 인간관계다. 사람은 혼자 살아갈 수 없는 사회적 동물이다. 내 소중한 사람들, 그리고 홀로 있는 어머니, 내 가족들에게 내가 받은 은혜들을 하나둘씩 갚아 나가야 한다.

일자리를 잃고 아무것도 가진 것 없는 멍한 나를 몇 시간 동안 옆에 가만히 함께 있어 준 강민이가 바랐던 것은 내 행복이었다.

울산에 내려갈 때마다 아무도 없는 내 방 보일러를 켜고 이부자리를 미리 펴놓고 바닥을 데워놓는 우리 엄마. 그런 엄마의 누운 뒷모습은 그 어느 것보다 소중하고 지켜내야 한다.

세상을 살아가며 정말 소중한 사람을 잃어보니 모든 게 덧없다는 생각을 한다. 한낱 꿈같았다는 생각을 한다. 아버지가 돌아가신 날, 하늘이 무심하게도 그땐 나는 신병휴가의 첫날이었다. 그 더운 날 쉬지 않고 일을 나가시는 그 마지막 날조차 전부 나를 위한 거였다. 하늘에서 다 지켜보시기에 그래서 더 열심히 살아 내야지. 내겐 지켜내야 할 소중한 사람들이 많이 남아 있으니.

세 번째는 꿈이다. 누군가에게 긍정적인 영향을 끼치고 싶다. 삶에서 가장 의미 있는 것은 무엇일까? 내 능력, 내가 가진 것, 내가 다른 이들에게 도움이 될 때 그것이 가장 값진 삶이다. 더는 없다. '남 잘되는 게 무슨 내 삶에 의미가 있냐?'라고 생각하는 사람들이 많다. 내가 오늘도 존재하는 이유는 다 같이 잘 살아 보자는 사람들이 있기에 가능한 것이다. 나 혼자 성공해서 나만 잘 사는 삶은 아무런 의미가 없다. 죽어서 그것을 다 가져갈 것은 아니지 않은가. 남을 돕는다는 것은 나한테 언젠가 돌아온다. 누군가에게 긍정적인 영향을 끼치고 그 사람에게 행동의 변화나 마음의 울림이 조금이라도 왔다면 그것이 진정한 삶의 의미이다. 그것이 궁극적으로 나를 위하는 길이고, 그것이 내가 행복하고 잘되는 길이다. 나는 배운 사람도 아니고 잘난 것도 별로 없다. 특히 여기 서울은 잘난 사람이 너무 많고, 대단한 것들이 워낙 많다. 서울대 재학생들은 각자의 도시에서 모두 1등만 했던 사람들이다. 친한 형도 서울대를 졸업했는데 한 번도 공부에서 져본 적이 없는 형이 대학교에 와서 누군가에게 밀리고, 시험에서 밀리고, 이런 감정들을 아마 처음 느껴봤다고 한다. 이렇게 대단한 사람들 많은 이 서울이라는 곳에서, 나는 자신 있게 말할 수 있다.

그들보다 잘난 것 하나 없지만, 나만의 밝음, 낙천적인 성격, 나만이 가진 감성, 그리고 운. 풍부한 경험이 만든 나만의 인사이트. 이것은 그 어떤 점수로도 객관적으로 평가할 수 없다. 나에겐 언제나 1등이고 100

점이다. 분명 나만의 이 능력들을 지금 원하고 가지고 싶은 사람들이 있다. 모든 경험에는 하찮은 게 없는 것이 그 이유다.

그들에게 조금이라도 희망과 꿈, 행복을 주고 싶다는 생각을 한다. 그래서 나는 오늘 하루도 당당히 버텨내야만 한다.

내겐 아직 써야 할 페이지가 너무 많고, 못다 한 얘기가 너무 많다. 읽지 못한 책이 너무 많다. 오늘 새벽, 이불을 개며 내 버팀목들을 생각한다. 또 무언가 할 수 있을 것만 같다.

책을 가까이하라

배움의 끝은 책이다. 내겐 아직 읽지 못한 책들이 너무 많다. 평생 다 읽고 죽진 못하지만 적어도 몇천 권은 더 읽고 싶다. 책은 사리를 분별하고 삶을 도약하는 가장 근간이 되는 도구다.

책을 읽으면 먼저 연결고리를 만든다. 책은 내 머릿속에 연결고리를 구체화한다. 단적으로만 존재했던 무언가의 공통점을 생각해 내고, 그것을 연결해서 의식을 확장해 주는 능력을 길러준다. 영상을 보거나, 직접 경험하는 것과는 또 다른 배움이다. 내가 직접 능동적으로 단어와 문장을 읽고, 의미를 찾고, 머릿속으로 상황을 상상해야 하므로 나만의 세계관이 만들어진다. 연결고리가 없는 매개체는 아무런 쓸모가 없다. 바늘도 실이 있어야 의미가 있고 박수도 두 손바닥이 함께 있어야 소리가 나듯, 책을 읽으면 내가 주체적으로 무에서 유로 새로운 가치를 창출해 낼 수 있다. 사람들은 그것을 창작이라고 부른다.

포용력도 기를 수 있다. 바야흐로 글로벌 시대다. 국가, 인종, 종교, 성별 가릴 것 없이 그 모두가 차별받지 않고, 자기 색깔을 드러내고 당당하게 의견을 낼 수 있는 시대다. 책을 많이 읽으면 여러 사람이 생각하는 의견을 수용하는 힘이 생긴다. 설령 그것이 나와 맞지 않는다고 하더라도 다양성을 인정하게 되고, 그 생각을 부정하지 않는다. 나도 스스로 책을 읽으며 내가 100% 안다고 생각했던 부분들에 대해 잘못 알고 있는 때도 있었고, 전혀 모른다고 생각했던 부분들에 대해 똑바로 아는 부분도 있었다. 가장 검증된 정보라 할 수 있다.

내 생각이 맞고 다른 사람의 생각은 틀렸다고 말하는 편협함이 가장 위험하다. 대개 이런 경우는 연륜이 있거나 경험이 많은 사람, 사회적 성공을 이룬 사람에게서 주로 나타난다. 본인 경험의 잣대가 위대하다고 생각하고 다른 사람의 생각을 깎아내리는 것이다. 경험만 많은 사람은 이런 폐쇄적인 생각에 휩싸인다.

실제로 이 사람들의 말이 바르다고 해도 문제는 다른 의견을 받아들이지 않는 자세다. 인생에 더는 발전이 없다. 한 명이 생각하는 것보다 두 명이 생각하는 것이 당연히 더 많은 아이디어가 나올 것이고, 생각의 방향이 넓어진다.

편협한 잣대를 가진 사람은 한 번의 성공은 있을 수 있어도 또 다른 성공을 불러오진 않는다. 자기만의 생각에 갇혀 있기 때문이다.

책은 다른 사람의 인생이 한 번에 나한테 오는 것이다. 한 번도 못 가본

길을 들여다보게 되고, 새로운 통찰력을 얻어 상대방을 포용할 수 있는 사람이 된다.

포용력은 곧 사고의 유연함과 주체성의 확립을 가져온다. 책을 읽는 사람은 유연한 사고를 할 수 있다. 그 어떤 돌발 상황이 일어나도, 예상치 못한 상황이 발생해도 당황하지 않고 유연한 사고로 대처한다. 한 사물을 보더라도 다른 수만 가지 생각이 머릿속을 스쳐 가고, 늘 새롭고 창의적인 아이디어가 생긴다. 사고가 유연하기에 말하는 데 있어 논리적인 근거를 뒷받침한다. 매사에 늘 논리적인 근거를 들기 때문에 말에 당위성이 생기고, 신뢰 있는 사람으로 비친다.

사고가 유연해지고 배경지식이 다양하면 그 누구와도 잘 어울릴 수 있고, 매사에 긍정적인 시야를 가질 수 있다.

책을 출간하며 보이는 것이 있는데 바로 사람들은 스토리에 반응한다는 것이다. 그 사람이 아무리 평범할지언정 말이다. BTS만 보아도 그렇다. BTS가 물론 춤을 잘 추고 개개인별 능력이 출중하지만, BTS만의 스토리에 전 세계 팬들은 열광한다. 불닭볶음면을 봐도 마찬가지다. 그냥 매운 닭 맛의 라면이라고만 소개했어도 맛있어서 많은 사람이 사 먹었을 것이다. 하지만 불닭볶음면이 만들어진 계기라던가, 불닭볶음면의 마스코트인 호치, 호치와 친구들 이런 것들은 왜 만드는 것일까? 바로 사람들에게 오래 기억에 남아 불닭볶음면 자체를 상징성 있는 하나의 고유명사로 만들기 위함이다. 그래야 회사 차원에서는 더 많이 팔 수 있으니까.

삼성전자에 입사한 신입사원이 있다고 치자. 삼성전자라는 대기업에 취업하게 되면 바로 업무투입을 시킬까? 절대 아니다. 뭘 알아야 일을 시키지. 그럼 당장 일을 어떻게 해야 하는지 교육할까? 이것도 틀렸다. 일주일도 아닌 무려 2개월간 업무와는 별개로 사상교육을 한다.

정확히 말하자면 삼성이 왜 지금까지 세계 일류기업이 됐는지, 어떤 이야기를 가졌는지, 삼성의 업적은 무엇인지, 대한민국에 어떤 영향을 끼쳤는지, 어떻게 성장해 왔으며, 우리는 삼성 직원으로서 왜 자부심을 품고 인생을 살아가야 하며, 삼성에 들어왔기 때문에 본인은 성공한 사람이고 자부심을 품고 열심히 회사에 충성을 다 해야 한다는 교육이다. 심지어 시험도 본다. 떨어지면 붙을 때까지 재시험을 본다. 북한처럼 이런 사상교육을 명확하게 하므로 우리가 만약 삼성에 붙는다면 일이 다소 본인의 적성에 안 맞을지라도 안 그만두고 오래 다닐 수 있고, 친구들에게 내 회사 자랑을 하고, 애사심을 가질 수 있다. 이렇게 스토리가 있으므로 거기에 사람들은 궁금해한다.

책도 마찬가지다. 사람들은 공감할 수 있는 이야기를 원한다. 그것이 설령 대단하지 않아도 된다. 가령 '글쓰기 숙제가 있어서 글을 쓴다.'라는 사람과, '글을 쓰기 시작하니 내 인생이 바뀌었다.'라고 쓰는 사람 중에서 본인은 어떤 글을 더 읽고 싶은가? 당연히 후자다.

또 다른 예시로 '결혼생활이 너무 행복한 이유'의 제목의 글과 '결혼을 하면 안 되는 5가지 이유'라는 글이 있다고 치자. 꼭 하나만 읽어야만 한다면 어떤 글을 본인은 읽고 싶은가? 당연히 후자다. 그 이유는 무엇일까? 결혼은 당연히 모든 사람이 행복해지기 위해 하는 것이다. 불행하기위해서 결혼을 선택한 사람은 그 누구도 없다. 하지만 후자의 글을 쓴 저자는 "내가 결혼을 해보니, 이런 점이 너무 최악이더라."라는 본인의 경험에 따른 통찰력이 있으므로, 본인만의 스토리가 명확하므로 사람들은 그것을 궁금해하는 것이다. 결혼생활을 하면서 조금이라도 힘들었던 적이 있는 사람들은 그 글에 공감할 것이고, 그 글이 독자들에게 도움을 주고 생각의 연결고리를 줄 수 있다.

인생의 동반자를 만나라

인생은 사랑뿐이라는 생각을 한다. 사랑으로 시작해서 사랑으로 귀결된다. 내가 지금 어떤 생각을 하고, 어떤 일을 하고, 돈을 얼마를 벌었고, 지위가 어떻고, 누구를 만나고 결국 죽음 앞에서는 의미 없는 일들이다. 죽어서 돈과 명예를 가지고 가진 않을 것 아닌가. 인생을 사는 이유는 딱 하나 행복하기 위해 사는 것이다. 그럼 누구와 행복할 수 있나? 바로 내가 사랑하는 사람이다. 결국, 내 인생은 '하나뿐인 아내를 지독히 사랑했던 사람', '나중에 자녀가 생긴다면 자녀를 위해 아낌없이 일했던 사람'으로 기억될 것이다. 나에게 지금 돌아가신 아버지가 그렇게 기억되고 있으니 말이다.

오직 사랑만이 인생사 그 무엇과도 바꿀 수 없는 가치 있는 감정이며 이거 하나로 하루하루를 버틴다고 해도 무방하다. 사람들은 늘 돈을 좇지만, 돈은 어떻게 보면 가장 해결하기 쉬운 문제다. 없으면 벌면 되니까. 내 몸만 건강하다면 단군 이래 가장 돈 벌기 쉬운 시대다.

사랑하려면 젊을 때일수록 많은 연애를 해보아야 한다. 남자는 살아가며 딱 세 번만 울어야 한다는 말이 있는데 현시대에는 전혀 현실성 없는 얘기다. 나는 20대 때 연애하며 수도 없이 울었다. 마음이 약하기도 하고 사람을 떠나보낸다는 이별에 전혀 익숙하지 않을 때였다. 남녀 간의 이별은 어쩌면 굉장히 자연스러운 것인데, 내 심장의 반쪽이 날아가는 기분이었다.

이 경험을 실컷 하고 나니, 다소 덤덤하게 누군가를 맞이할 수 있었고 떠남에도 크게 감정적 동요가 없게 됐다. 연애를 할 때는 본인 감정에 가장 충실해야 한다. 그것이 시간이 흘러 정말 내가 좋아하고 나랑 맞는 이성을 만날 수 있는 비법이다. 내가 연애에 20대에 목숨 걸고, 충실했던 경험을 단 한 번도 후회한 적이 없다. 오히려 공부할 때에도, 좋지 않은 일이 생겼을 때도 나를 지켜주고 심리적인 안정을 줄 수 있었던 큰 버팀목이었다. 혼자 있는 것을 나처럼 좋아하는 사람이라도 늘 기회가 되면 연애를 하면서 경험을 쌓아야 한다. 그것이 곧 나를 정확히 더 아는 법이고, 사람을 어떻게 대해야 하는지 스스로 배울 수 있다.

같이 함께 있는 시간을 늘리고, 시간이 날 때마다 틈틈이 보러 가자. 헤어져도 후회가 없어지려면 있을 때 잘하는 것이다. 연애하고 있을 때 내가 상대방에게 100% 마음을 다했다면 그 관계가 비록 끝이 정해져 있다 할지라도 미련이 없다. 헤어짐이라는 것에 좋은 의미는 원초적으로 있을 수 없지만 그것이 상대방에 대한 배려이고, 미래에 더 좋은 이성을 만날 기회를 준다. 더 자주 만나고 더 자주 통화하고 추억을 많이 쌓자.

사실 사람과 사람이 만나고, 결혼으로 이루어지는 것은 굉장히 힘든 일이다. 한쪽만 노력해서 되는 문제가 절대 아니며 항상 서로를 위해 노력해야 한다. 오래 만났다 해서, 결혼할 사이라고 해서 상대방을 당연시하면 절대 안 되며, 늘 나와 함께한다는 것에 감사함과 사랑하는 마음을 표현해야 한다. 식물 또한 물을 주지 않고 광합성을 하지 않으면 금세 죽는다. 나는 키우기 쉽다는 선인장도 물을 주는 것을 까먹어 죽게 한 적이 있다. 한 달에 한 번만 물을 주면 되는데 말이다. 한쪽이 관계에 있어 당연시하는 순간 그 관계는 언젠가 시들기 마련이다. 세상에 당연한 건 그 어디에도 존재하지 않는다.

그렇다면 서로 그 관계를 위해 노력한다면 이루어질 수 있을까? 아니다. 타이밍도 잘 맞아야 한다. 나처럼 정말 진심으로 좋아하고, 서로가 노력했는데 외국에 있는 바람에 타이밍이 안 맞아 헤어지는 경우도 정말 많기 때문이다. 내가 그 당시 한국에 있었더라면 충분히 관계를 개선할 수 있었을 것이다.

인연을 만나는 것은 축복과도 같다. 아마 특히 현시대에서는 워낙 이상한 사람도 많고, 위험한 세상이므로 누군가 내 옆에 그냥 있다는 것만으로도 큰 힘이 되고 위안을 얻는다.

삶이 정말 힘들 때는 누군가 내 곁을 지켜줄 동반자가 있어야 한다. 혼자 이겨내는 것보다 언제나 내 편인 나를 응원해주는 누군가가 있다면 더 빠르게 힘든 시간을 이겨낼 수 있다. 그 상대방은 친구일 때보다 가족, 가족일 때보다 반려자일 때 더욱더 힘이 세다.

그렇다면 내 마음에 드는 여자를 만나기 위해서는 어떻게 해야 할까? 요즘은 주변에서 소개팅도 정말 많이 해달라고 하고, 실제로 해주기도 한다. 자연스럽게 이성을 만난다는 것은 요즘 같은 시대에 정말 힘들다. 마음에 드는 여자를 만나도 그 여자가 나를 안 좋아 확률이 마음에 들어할 확률보다 훨씬 높다.

상대의 마음은 그럼 어떻게 파악할 수 있을까.

흔히 사람들은 말한다.

"나는 처음 보는 사람과 몇 마디만 나눠보면 대강 어떤 사람인지 안다."라든가 "나는 5분만 상대방이랑 같이 있어도 그 사람의 마음을 안다."라고 말하는 사람을 주변에서 본 적이 있을 것이다. 마치 인간관계를 통달한 사람처럼 말하는 사람들은 걸러야 한다. 순전히 다 거짓말이다. 어떻게 사람을 5분 만에 판단할 수 있겠는가? 어떻게 몇 마디만 나눠보고 그 사람이 무슨 생각을 하고 어떤 삶을 살아왔는지 알 수 있단 말인가? 평생을 보아도 모르는 게 사람이다. 나는 평생을 함께한 우리 엄마 마음도 아직도 모른다. 무슨 생각을 하고 사는지, 어떤 가치관을 가졌고, 인생의 어느 부분에 가치를 두는지는 겉으로는 대강 파악할 수 있겠지만 진짜 실체는 모두 각자 본인만 안다. 이래서 가까운 사이라도 서운함이 발생할 수 있는 것이, 말하지 않으면 사람들은 모른다. 그만큼 남들은 내 생각만큼 나에게 관심이 없다.

그렇다면 내가 정말 좋아하는 여자가 있거나, 앞으로 소개팅 약속이 잡혀 있을 때 어떻게 해야 여자의 마음을 살 수 있을까?

첫째, 미래를 이야기하라. 여자와 얘기할 때 가끔 남자들은 본인의 현재와 과거에만 집중해서 얘기하는 경향이 있다. 어떤 사람인지 본인을 적극적으로 소개하는 것은 좋으나, 내가 과거에 어땠고, 지금까지의 모든 일대기를 말할 필요는 없다. 여자는 진심으로 지루해한다. 대부분 남자가 여자한테 얘기하고 싶은 부분은 본인의 못난 부분이 아닌 잘난 부분일 것이다. 누구나 크게 다르지 않은 보잘것없고 볼품없는 이 인생에서 본인의 잘난 것들만 쏙 빼내어 어필을 하다 보면 나도 모르게 과장을 하게 된다. 또 여자에게 과거에만 젖어 사는 사람이라는 오해를 불러일으킬 수 있다.

반대로 현재 내가 잘 나간다고 해서 "지금 나는 이런 사람이야!" 과거에 이런 노력으로 지금까지 결과물을 일궈냈다고 과시하는 행동도 정말 바람직하지 않다. 그래서 어쩌라는 건가? 지금 돈 잘 벌면 그 돈 나 줄 건가? 여자는 아무것도 관심이 없다. 직업이 좋으면 뭐 한 번은 뒤돌아보겠지.

가장 중요한 것은 내 미래를 얘기하는 것이다. "나는 지금 이런 상황이고, 이런 생각하고 있는데 앞으로는 무엇을 하고 싶다. 이렇게 인생을 살아가고 싶다."라고 해야 한다. 꼭 이렇게 말하지 않아도 비슷한 뉘앙스로 본인의 미래를 강력하게 어필해야 한다. 그렇다면 설령 내가 지금 돈도 없고, 직업도 없고, 아무것도 가진 게 없어도 그 젊음, 당찬 포부에 여자들은 호감을 느낀다. 여자들은 물질적인 것을 어필하는 것을 극도로 싫어한다. 돈은 본인들도 능력이 있으니 충분히 벌 수 있다. 오히려 남자보다 훨씬 잘 벌 수도 있다. 미래에 내가 어떤 사람이 되고 싶은지를 강조하는 것이 제일 중요하다.

둘째, 깨끗하게 씻고 항상 단정해라. 이건 기본 중의 기본이다. 항상 매일 깨끗하게 씻고, 옷을 단정하게 입어라. 요즘 힙합이 유행이라고 막 힙한 옷을 입고(물론 나도 좋아한다.) 모자를 쓰고, 목걸이를 하고 바지를 흘러내릴 듯 크게 입고 이런 패션들이 유행인데, 소개팅에서는 절대 그러면 안 된다. 힙한 룩은 호불호가 너무 갈린다. 싫어하는 사람은 극도로 싫어한다. 벙거지를 쓴다거나, 금목걸이를 한다거나, 선글라스를 낀다거나, 문신한다거나, 더는 무언가 하려고 하지 말자. 그게 남녀 간의 평화와 내 패션을 살리는 길이다.

내가 가장 추천하는 옷은 깔끔한 검은색 슬랙스에 흰 셔츠다. 조금 더 캐주얼하게는 청바지에 헤링본 재킷이 이쁘겠다. Simple is Best다. 여름에는 흰색 반팔 티에 슬랙스나 청바지를 입고, 흰색 단화를 신으면 그것이 진짜 남친룩이다. 가을에는 무조건 가디건을 입어라. 니트나 가디건을 입으면 사람이 더 깔끔해 보이고 인상이 편안하고 포근해 보인다. (특히 가디건). 밝은 색을 피하고 회색, 검은색, 남색으로 하는 것이 질리지도 않고 오래 입을 수 있다. 겨울에는 당연히 코트다.

특히 남자의 외모나 인상착의에서 큰 부분을 차지하는 것이 머리와 수염인데, 머리를 장발한다거나, 수염을 기르는 것은 물론 개인의 취향이고 자유지만, 그걸 선호하는 여자는 대한민국 5%도 안 된다는 것을 명심하자. 처지를 바꿔서 생각해보면 된다. 다소 극단적인 예시긴 하지만 남자들이 머리가 긴 여자보다 반삭발이나 포마드 머리를 한 여자에게 성적 매력을 더 느낄까? 그럼 답이 나온다.

여자는 특히 냄새에 민감하다. 남자보다 후각에 훨씬 더 민감하므로 향수도 늘 뿌리는 것이 좋다. 너무 많이 뿌리면 옆에 있는 사람이 머리가 어지러울 수 있으므로, 여자들이 좋아하는 향수를 검색해서 찾아보고 하나둘 챙겨놓는 것이 좋다.

셋째, 자기 관리를 하자. 관리를 하지 않는 남자를 여자들은 절대 좋아하지 않는다. 나이 서른이 넘어 백수로 지낸다거나, 돈만 좇아 당당하지 않은 불법 일을 하고 있다거나 이런 남자는 그냥 아웃이다. 당장 대기업과 전문직을 위해 공부하라는 것이 절대 아니다. 아주 사소한 걸 하더라도 자기 관리를 하면서 의미 있고 생산적인 하루를 보내라는 것이다. 운동한다거나, 다이어트를 하는 것도 철저히 자기를 관리하는 것이다. 염

색한다거나 파마를 하고, 옷을 사는 것도 나 자신을 꾸미기 위한 일이기 때문에 자기 관리에 포함된다. 나는 책 읽기와 좋아하는 취미 하나를 갖는 것을 추천하고 싶다. 책을 읽는다는 것은 다른 사람의 지식을 송두리째 내 것으로 만드는 것과 같다. 이건 사기다. 이 세상에 이렇게 쉽게 남의 지식을 손에 얻을 방법은 책 말고는 나는 단 한 번도 보지 못했다.

또, 좋아하는 취미를 하나 만드는 것은 큰 매력이다. 프랑스에서는 중산층의 기준 중에 좋아하는 악기를 하나 다룰 수 있는 것이 포함되어 있다. 우리나라 같았으면 당연히 34평 국평 자가로 가지고 있고, 차는 그랜저 정도 타야 중산층 취급을 할 것이다. 우리나라는 아직 한참 멀었다.

이처럼 좋아하는 악기를 하나 한다거나, 남들보다 조금 더 잘하는 운동을 하나 꾸준히 한다거나, 좋아하는 사람을 집에 초대해 자신 있게 요리를 해줄 수 있는 음식 몇 개를 할 줄 안다거나, 이런 매력은 여자들이 큰 호감을 느낀다. 이건 여자뿐만 아니라 모든 사람이 아마 호감을 느낄 것이다.

넷째, 추진력과 실행력이 있어야 한다. 정말 성격이 소심해서 이러지도 못하고 저러지도 못하고 우물쭈물, 늘 결과 앞에서 주눅 들고 자신감이 없는 그런 사람이 있다. 그것은 성격의 문제도 한몫하겠지만 여자들은 이런 남자들을 좋아하지 않는다. 가진 게 하나도 없더라도 당당해야 한다. 당당하고 자존감 높게 자신 있게 매사에 접근해야 한다. 데이트할 때도 여자한테 의지하기보다, 비록 여자가 별로 안 좋아할지언정 내가 가고 싶었던 곳을 먼저 자신 있게 제안을 해본다거나, 하고 싶은 무언가 있으면 말만 하지 말고 당당히 실행하는 것이다. 꼭 여자를 꼬시기 전뿐만 아니라 연애를 하거나 사귀고 나서도 그렇다. 말만 하는 남자를 여자들은 제일 싫어한다. 말만 하고 행동으로 옮기지 않는 것은 매력 없는 사람을 넘어 그냥 거짓말을 하는 사람이다.

예를 들어 길을 가다 이쁜 목걸이를 보았는데 여자 친구가 갖고 싶다고 하면 "언제 사줄게. 생일이 되었을 때 사줄게." 해놓고 안 사주는 사람이 정말 많다. 그냥 지금 바로 사줘라.

"공무원에 꼭 합격할게!"라고 해놓고 집에 도착해서 유튜브 보고 놀 거다 놀고 자기 전에 죄책감에 못 이겨 글자 몇 개 보고 잠자리에 드는 남자들이 한둘인가? 정말 소름 돋겠지만 지금도 노량진, 신림 고시촌 피시방, 당구장, 모텔, 오락실, 술집은 자리가 없다. 못 믿겠으면 금요일이나 주말에 한번 가보는 것을 추천한다. 나는 눈에 보이는 것만 믿는다. 말한 것은 꼭 지키자.

다섯째, 쪼잔하게 굴지 말자. 나는 얼마 전에 기사를 보았는데 정말 마음에 드는 여자가 소개팅에 나왔는데 더치페이를 했다는 기사를 보았다. 그 관계는 이루어질 수 있었을까? 당연히 아니다. 정말 마음에 드는 여자를 만났는데 저녁 한 끼 못 산다는 것은 그 남자의 그릇을 알 만하다.

결혼해서도 그 여자는 행복하지 않을 것이다. 물론 앞서 얘기한 재테크도 잘하고, 소비에 있어 절제심을 가지고 돈을 아껴 부자가 되어야 하는 것은 맞다. 나 또한 20대 평생을 흥청망청 다 쓰며 30대를 그렇게 살고 있다. 하지만 쓸 때는 써야 한다. 여자들은 본인한테 돈을 아낀다는 느낌을 받음과 동시에 그 남자에 대한 정이 다 떨어진다. 이건 내가 장담컨대 확신한다. 특히 요즘은 남녀 간에 소개팅이 워낙 흔하다 보니, 서로 재는 경우가 정말 많다. 학벌이나 직업, 집안, 외모, 키 등 다양한 부분에서 조금이라도 본인과 안 맞는 부분이 있으면 '이 여자(혹은 남자)가 내 연인이 될 자격이 있는지' 서로 많은 조건을 저울질하며 재기 시작한다. 하지만 이것이 상대방에게 조금이라도 티가 나는 순간 그 관계는 끝난다. 너무 서로 재지 않고 마음에 드는 부분이 하나라도 있다면 진심으로 표현하는 것이 이성의 마음을 사로잡을 수 있는 비결이다.

절대 마음에 드는 이성에게 돈을 아끼지 말자. 심지어 내가 만약 낸다면 절대 아까운 티를 내지 말고 시원하게 내고 오자. 스테이크를 먹으러 가면 가장 비싸고 양 많은 거로 시키고, 가방을 사러 가면 가장 사이즈 크고 이쁜 가방을 사자. 어차피 낼 건데 그 안에서도 돈을 아끼는 모습보다 화끈하게 지르고 아름답고 후회 없는 하루를 보내면 상대방에게도 그 기억이 오래가고 나 자신도 먼 훗날 그때를 되돌아봤을 때 전혀 후회가 없다.

나는 약속 시각에 늦는 걸 극도로 싫어하는데 이건 나를 위한 일종의 반성문이라 몇 자 적어본다. 꼭 돈뿐만 아니라 약속 시각에 늦었다고 상대방에게 질책하거나, 그런 모습에서도 관대함을 가지자. 여자는 화장해야 한다. 화장도 하고 꾸밀 것도 남자보다 훨씬 많고 시간이 오래 걸리는 것이 당연하다. 그러다 보면 10분, 20분 늦을 수도 있다. 매사에 관대함을 가지는 것이 정말 매력적인 남자가 되는 지름길이다.

꼭 여자와의 데이트뿐만 아니라도 늘 너그럽고 관대하게 "그럴 수 있지."라는 마인드로 접근하면 세상만사가 편해진다. 단 회사나 사회생활을 하는 데 있어 그런 마인드를 100% 보여준다면 자칫 호구로 생각할 수도 있으니 그 부분은 심사숙고해서 현명한 처신을 하는 것이 바람직하다.

마지막으로, 공감과 재치 있는 유머 감각이 필요하다. 생전 처음 보는 이성 앞에서 커피를 앞에 두고 할 수 있는 얘기들은 사실 뻔하다. 서로 호구조사와 취미, 관심사에 대한 시시콜콜한 이야기로 서로를 알아간다. 이 와중에서도 가장 중요한 것은 너무 진지하고 정적으로 다가가면 안 된다는 것이다. 간혹 여자가 말을 하는 데 사실관계에만 치중하여 '아, 그러셨어요?', '그랬구나.' 등 영혼 없는 공감만 해주다가 만남이 끝나는 경우가 있다. 상대방이 어떤 얘기를 하면 혹여나 나한테도 비슷한 경험이 있었는지 생각하고 내 경험을 들어 공감해 준다거나, 재치 있는 유머로 받아친다거나 하면 이야기가 훨씬 더 재미있어지고 상대방이 본인의 이야기를 경청하고 있다는 생각을 줄 수 있다. 재치 있는 유머 감각은 모든 관계에 있어 윤활유 역할을 하고 매력을 느끼게 한다. 영화를 한 편 보고 나면 명대사가 생각나듯이, 책 한 권을 다 읽으면 기억에 남는 재미있는 문구가 생각이 나듯이, 유머 감각 있는 말 한마디 글 한 줄은, 사람의 기억에 오랜 여운을 남긴다.

결혼식 축사를 한 적이 있다. 나는 신랑, 신부 둘 다 나의 제일 친한 친구였고, 신랑과 신부에게 각각 메시지를 전달했다. 어쩌면 다소 원론적이고 수많은 결혼식 축사 샘플에서 볼 법한 대사로 평범하게 축사를 마칠 수 있었겠지만 나는 우리가 함께했던 경험을 토대로 재미있게 이야기를 이어갔다. 그 글을 듣는 사람이 워낙 많았기 때문에 스스로 그 누구에게도 선을 넘지 않을 정도의 유머를 섞어 축사를 만드니, 결과는 대성공이었고 많은 박수를 받았다. 1년이 지난 지금도 집에 놀러 가면 영상을 틀어 볼 정도로 칭찬을 받고 있다.

여자를 만나는 것뿐만 아니라 이처럼 매사에 공감과 재치 있는 유머 감각은 연애를 넘어 모든 사람과 사람 사이의 인간관계를 좋게 만든다.

단 유머에만 집중하면 자칫 가벼운 사람으로 비칠 수 있으므로 주의가 필요하다. 특히, 프러포즈하거나 내 마음을 진지하게 전해야 할 때는 다소 무게를 잡고 이야기하는 것이 좋다.

특히 프러포즈는 진정성 있는 마음을 담아야 한다. 겉은 아무런 의미가 없다. 풍선을 백날 붙이고 촛불을 켜봤자 지난 연애에 대한 추억과 내가 그녀를 사랑한다는 마음이 드러나지 않는다면 그것은 안 한 것보다 못하다. 적어도 긴 편지나, 영상을 제작해 함께 했던 소중한 순간들을 함께 추억하자. 준비한 나도 눈물이 저절로 날 것이다. 둘에게 평생 잊을 수 없는 날이 될 것이다.

30대가 20대보다 좋은 이유

30대는 누구에게는 빛나는 청춘이고, 또 다른 누군가에게는 늙어버린 아저씨일 수도 있다. 하루하루 바쁘게 사느라 아니, 하루하루를 바쁘게 쳐내느라 누군가만 나이를 물어보면 내 나이가 몇 살 인지도 종종 헷갈린다. 6월부터는 만 나이로 모두 바뀐다는데 크게 감흥도 없다. 만 나이로 해봤자 30대이기 때문이다. 언제 이만큼 시간이 흘러버렸을까? 문득 생각하니 우울하고 적적하다.

얼마 전, 이제 갓 서른 살이 된 친한 동생이 나에게 술 한잔을 따르며 묻는다. 30대는 어떤 느낌이냐고. 나는 당당하게 이야기했다.

"20대보다 훨씬 더 행복하고 좋아."

전혀 예상과 다른 대답에 동생은 너무 놀라워 했다. 마치 나보다 두 살이나 어려 우위에 있는 듯한 말투로 질문한 동생의 표정이 한순간에 바뀌었다. 동생은 그 이유를 물어보았다. 누군가는 이 30대마저 젊은이라고, 청춘이라고 오히려 질책하며 비꼬는 그것으로 생각할 수도 있다. 하지만 25살 때의 나도 그때를 돌이켜보면 다 큰 어른이라고 생각했다. 그 당시는 우리 모두 그렇지 않았기에 충분히 공감할 수 있다. 자신을 오늘이 가장 어리다며 위로하며 살아야 한다.

그때 나는 처음 생각하게 됐다. 나는 왜 한 치의 고민도 없이 30대가 20대보다 더 행복하다고 말할 수 있었던 걸까? 늙어간다는 것은 너무 괴롭고 한없이 우울한 기분이 들어야 정상인데 30대가 도대체 어떤 게 좋을까?

첫째, 지금 가진 것에 더 감사하게 된다. 나는 요즘 밤마다 감사일기를 쓰고 있다. 거창한 것이 아니라 공책을 펴면 칸이 몇 개 없다. 한 다섯 개 있나. 아침에 쓸 때는 힘차게 하루를 시작하며 감사한 것, 저녁에 글을 쓸 때는 오늘도 고생한 나 자신을 위해 오늘 감사했던 것을 차근차근 적어본다. 그냥 몇 줄 안 적었을 뿐인데 꾸준히 하니 놀라운 일이 펼쳐졌다. 하루를 보내는 것에 정말 감사하게 되고, 내가 하는 일을 더 열정적이고 힘차게 살아 내게 된다. 설령 내가 감사일기에 적은 내용이 사실이 아니라 할지라도 꼭 그렇게 감사해야만 한다는 의무감과 와닿는 에너지를 느낀다.

사실 실제로도 20대보다 30대가 가진 것이 더 많아진 것도 사실이다.

20대 때에는 내일이 불안하고 두려웠다. 직업도 없고, 돈도 없고, 가진 것은 시간밖에 없었다. 시간이 넉넉하니 내가 할 수 있는 것은 내 마음대로 할 수 있었지만, 그것을 하기에는 돈이 필요했다. 그때 느꼈다. 인생을 정말 행복하게 살아가기 위해서는 경제적 자유와 시간적 자유가 함께 균형을 이루어야 한다는 것을.

하지만 지금 30대에는 번듯한 직업도 있고, 예쁜 여자 친구도 있고, 돈도 많지는 않지만, 어느 정도 가지고 있다. 편의점이나 마트에 가면 가격표를 보지 않고 먹고 싶은 것을 고를 수 있는 만큼은 있다. 내가 번 돈으로 내가 하고 싶은 것을 모두는 아니지만 어느 정도는 할 수 있다. 이 생활은 심리적으로도 큰 안정을 준다. 20대에는 통장에 돈이 빠져나갈 때마다 불안했는데 지금은 적어도 돈 때문에 하고 싶은 그것을 못 하진 않는다.

내가 장담컨대 이 세상의 모든 고민거리와 걱정, 문제들은 95% 이상 돈이면 다 해결된다. 설령 그것이 돈과 관련 있지 않은 문제라 할지라도 그 문제를 파고 파보면 결국은 돈이다. 돈이 있으면 내가 좋아하는 상대방에게 아쉬운 소리를 안 해도 되고, 상대방을 베풂으로써 좋은 인상을 주고 얼마나 좋은가. 나머지 5%만이 진짜 심각하게 고민해서 해결해야 하는 문제들이다. 그래서 이 자본주의 삶 속에서 경제적인 여유가 있다는 것은 정말 중요하다. 돈이 정말 많은 20대가 있다면 당연히 30대보다 20대가 좋겠지. 젊음과 돈이라, 영 앤 리치(Young and Rich)는 이 세상 그 누구도 부럽지 않다. 하지만 우리의 인생 대다수가 그렇지 못하기에 30대가 더 좋다고 표현한 것이다.

이 세상에서 가장 슬픈 것이 내가 사랑하는 사람이 아프거나, 정말 먹고 싶은 것이 있거나, 원했던 것을 하려고 하는 데 돈이 걸림돌이 될 때이다. 그래서 난 그때의 20대로 돌아가고 싶지 않다. 지금의 30대가 훨씬 더 좋고 내면적으로 편안하다.

둘째, 예측 가능한 삶을 사는 것이 좋다. 어떤 이는 이 말에 물음표를 던질 것이다. 예측 가능한 삶이 어떻게 좋단 말인가. 하나도 재미없고 내일이 기대되지 않을 것이다. 하지만 20대의 연애를 생각해보자. 갑자기 상대방이 마음에 안 드는 구석이 있다면 갑자기 사라져 잠적하고, 그렇게 이별을 한 경험을 한 사람들이 무수히 많다. 본인의 욱한 감정에 못 이겨 상대방을 배려 없이 내치는 것이다. 많은 경험을 하고 30대에 들어서자 내가 사랑하는 사람 앞에서 절대 이런 모습을 보이지 않는다. 내일이 예측되도록 항상 서로의 곁에 있다. 나이가 든다는 것은 챙겨야 할 사람이 많다는 것과 일맥상통한다. 그만큼 책임감이 늘어나고, 내가 사랑하고 소중히 여기는 사람들에게 베푸는 이 예측 가능한 삶이 좋다.

30대는 관계에서도 미니멀해진다. 20대 때에는 수많은 사람과 어울리며 인싸가 되고자 늘 돌아다녔는데, 30대가 되니 그것이 참 부질없다고 느꼈다. 그렇게 20대를 살아보니 돌아서면 남는 것이 아무것도 없었다.

관계에서도 선택과 집중을 통해 내 시간, 돈, 에너지를 아끼고 그 시간을 더 생산적이게 보낼 수 있다. 연락하는 사람들이 굳이 내가 싫어서, 혹여나 나를 싫어해서가 아닐지라도 각자의 사정이 있고 본업이 있으므로 전부 다 투자를 할 수 없기에 자연스레 멀어지는 것이다. 이런 자연스럽게 좁아지는 관계가 좋다. 관계가 좁아지면 좁아질수록 그 좁은 관계를 나는 통제할 수 있고, 언제든 편할 때 만날 수 있고, 그들에게 더 집중할 수 있고, 예측 가능한 삶을 살 수 있다.

셋째, 나 자신과 더 친해진다. 이게 무슨 말이냐? 30대가 되면 혼자 있는 시간을 즐기게 된다. 회사, 친구, 연인 등 모든 이해관계에 따른 인간관계 스트레스가 심하므로 혼자 있는 시간을 선호하고 오히려 즐기게 된다. 혼자 있으면 많은 생각을 하고 자문자답하면서 나 자신과 대화가 많이 할 수 있다. 20대 때는 많은 경험을 했다면 30대 때는 그 경험을 자양분 삼아 나 자신을 더 깊이 파볼 기회가 생긴다. 내가 진짜 무엇을 좋아하고, 무엇을 향해 가고 싶은지, 어떤 노력을 해야 하는지, 내가 소중하게 생각하는 것은 무엇인지 등 나 자신을 알아야 무언가를 새롭게 도전하는 데에도 유의미한 성과를 얻을 수 있다.

20대만이 가진 풋풋한 연애, 설렘, 순박했던 지난날들은 그리움에 묻어두고 지금 더 현실적으로 세상을 바라볼 때 우리는 비로소 어른이 된다.

나를 늘 채찍질하고 앞으로만 나아가야 성공한다고만 믿었다. 늘 나 자신을 힘들게 하고 한계까지 가서 무언가 성취하고자 했던 지난날들을 반성한다. 그러면서 늘 불안을 가슴속에 품고 있었다. 여유를 가지고 나 자신을 돌아보며 선택과 집중을 하는 삶이 무분별한 채찍질보다 나를 더 성장시킬 수 있다고 믿는다.

한국인들은 늘 "빨리빨리"에 익숙해져 있다. 사실 우리가 하는 모든 일은 오늘 하지 않는다고 해서 큰일이 일어나지 않는다. 내일 하면 된다. 공부, 회사 일, 세상만사가 그렇다. 그저 한계선에 맞춰 빨리하도록 교육받고 그런 문화가 자리 잡았기에 모두가 늘 강박을 가지고 산다. 극단적인 예로, 멕시코에서는 술을 진탕 마시면 다음 날 상사에게 미안하다고 문자 하나 남기고 무단결근하는 사람도 부지기수다. 조금 더 뒤를 돌아보며 여유롭게 매사에 접근한다면 더 양질의 결과물을 낼 수 있다는 것을 왜 나는 몰랐을까?

20대는 쾌락에만 의존했던 삶이었다. 반면 30대는 그 쾌락이 내적 동기에 의한 성취적인 안정으로 바뀌었다. 아주 작은 것이라도 내가 그것을 이루었을 때의 성취감이 20대 때 보다 훨씬 더 크다. 경험이 어느 정도 쌓였기에 작은 것에 겁먹지 않고 시류에 흔들리지 않는다. 나를 잘 알기 때문에 안 되는 것은 아예 하지 않고 내 강점에 더 집중함으로써 의미 있는 또 다른 기회를 찾는다.

"안 되면 되는 거 해라."라는 말도 있지 않은가. 설령 정말 좋아하는 일이라 할지라도 재능이 없어서 하다가 안 되면 되는 거 하면 된다. 인간으로 태어난 이상 다 각자 본인이 잘하는 것이 하나씩은 있다. 30대 초반이라는 소리도 곧 못 들을 나이의 한복판에서 나는 내 강점을 더 키움으로써 대체되지 않는 사람이 되어야 한다고 느낀다. 20대 아니 10대로 돌아갈 기회가 나에게 온다고 해도 나는 지금 돌아가지 않을 자신이 있다. 죽기 직전까지 후회 없이 하루를 살아가는 지금이 좋다.

30대가 20대보다 좋은 이유가 이처럼 많지만, 유독 30대가 돼서야 내가 몸소 느끼는 것들을 말해보고자 한다. 이것은 30대가 더 좋다는 앞서 얘기한 것보다 조금 더 현실적이고 냉소적으로 삶을 바라보았을 때의 이야기다.

먼저, 주변 사람들과 자산 격차도 조금씩 드러난다. 특히 20대 때는 허무맹랑한 본인만의 사업 얘기를 실제로 30대 때 구체화 시키는 친구들, 20대 때 아무도 가지 않은 본인만의 도자기나 가방 만드는 공방사업을 해 자리를 잡은 친구들도 있다. 30대가 들어서서 비로소 보이는 것들, 나 자신의 다짐 차원에서 어떻게 인생을 살아가야 하는지의 깨달음을 얘기해보고자 한다.

우선은 원하는 것을 이룬 사람들은 혼자만의 시간이 얼마나 고독하고 힘든지를 안다. 자기만의 길을 가는 사람들은 알고 보면 다 혼자다. 남들이 원하고 갔으면 하는 길을 선택하지 않은 사람들은 그 모든 책임을 본인이 져야 한다. 진로를 결정할 때 사람들이 가장 먼저 보는 것은 '돈이 되냐, 안 되냐'의 차이다. '돈이 되지 않는 무언가'를 선택한 친구들은 주변에서의 질타를 받고 본인에게 들려오는 그 어떤 말도 감수해야 한다. 본인에게도 장래에 대한 혼란이 오는데 진짜 이 길이 맞는가? 스스로 수도 없이 의구심이 들고 해내지 못할 것 같은 마음이 든다. 이를 타개하기 위해서 얼마나 많은 자기 암시와 본인에 대해 믿음을 가졌겠는가. 누가 뭐라 하든 귀를 닫고 앞만 바라보고 도전했기에 지금 이 자리에 있는 것이다. 지금 성공과 부를 이룬 사람들은 자만한다는 인식을 주지 않기 위해 겸손을 늘 유지하며 본인이 어떻게 살아왔는지를 대중에게 알리지 않는다. 그저 우리는 추측만 할 뿐이다. 하지만 유일하게 힙합 세계는 다르다. 내가 어떻게 해서 지금 이 자리까지 왔는지 처절하게 어필한다. 그것이 대중들에게 곧 존경이며 인정이다. 어떻게 어려움을 극복해 왔는지를 유심히 보려면 힙합에 관심을 가지는 것도 추천한다. 처절하게 본인의 길을 가고 있는 대한민국 모든 사람은 언젠가 꼭 그 꿈을 이룰 것이다. 남이 뭐라 하든 나 자신을 믿어야 한다.

또 주변에 흔들리지 말고 혼자만의 시간을 즐기는 것이다. 대한민국 사람들은 혼자를 두려워한다. 혼자 밥 먹는 것을 두려워하고 누가 나를 이상하게 보면 어쩌나, 무리에서 혹은 조직에서 빠져나오면 이상하게 여긴다. 적당한 사회생활은 필요하나, 혼자만의 시간을 철저하게 즐기는 것이 나를 발전시키는 일이다. 혼자 여행도 가고, 혼자 카페도 가면서 여러 생각을 해보는 것이다. 내 당장 다음 달 일정이라든가, 정말 하고 싶고 이루고 싶은 것이라든가, 책을 읽는다든가, 이뤘던 성취, 연애관 등 나를 확실하게 알아갈 방법은 혼자 있는 그것밖에 없다. 주말마다 맨날 무리에 섞여 약속을 잡고 친구들을 만난 적이 있을 것이다. 집에 오는 길, 공허함을 느낀 적이 없는가? 정작 내가 누군지도 모른 채 하루하루 살아가는 것은 가장 덧없는 행동이다. 나와 먼저 친해져야 타인을 알아가고 배려할 수 있다.

경험만이 내 삶을 풍요롭게 만든다고 믿는다. 지식, 돈, 명예는 한시적이라 영원할 수 없다. 풍요로운 경험을 통해 위 모든 것을 아우르며 모두 쟁취할 수 있다. 특히 명예와 부는 부풀려진 본인 앞에서 자신을 속이는 일이 흔하다. 왕관을 쓴 자는 무게를 견뎌야 하듯, 주변의 기대와 시선 앞에서 나 자신을 속인 채 기대에 부응하고자 가면을 쓴 채 살아간다. 주변에서 늘 치켜세워주기 때문이다. 그 가면은 언젠가 벗겨져 본인의 본모습이 드러나 자리에서 물러나거나 한순간에 모든 것을 잃는 때도 있다. 한없이 부풀려진 본인 앞에서 무릎 꿇는 것이다.

단, 오직 온전히 '나'의 경험에만 빗대어 삶을 들여다보면 편협한 잣대로 주변을 바라볼 수 있다. 내 경험만이 최고라고 생각하기 때문에 주변 사람을 인정하지 않고 잘못된 사고를 강요할 수 있다. 흔히 말하는 꼰대가 되어가는 과정이다. 이를 벗어날 수 있는 것이 바로 책이다. 책은 나와 다른 이들의 생각, 견해의 연결고리를 만들어 사고의 폭을 넓힌다. 내 경험과 책 읽기가 동반될 때만이 우리는 비로소 인생에서 원하는 바를 이룰 수 있다.

둘째, 인연을 만나는 것은 더 힘들다. 20대 때는 친구들에게 수많은 소개팅을 시켜주고, 나 또한 내 주변 많은 친구와 어울려 놀았다. 만나는 사람이 많으므로 당연히 관계의 폭도 넓어지고, 외롭다는 생각을 할 틈도 없이 하루를 바삐 보냈다. 하지만 30대가 되어 시간이 흐를수록 연애뿐 아니라 사람 만나기가 굉장히 어려워진다. 일단 먼저 각자의 업이 있으므로 온전히 하루 중 몇 시간 이상을 일에 투자해야 하고, 집에 오면 녹초가 되어 나만의 시간을 보내거나 쉬기 바쁘다. 평일에 맨날 친구들과 어울리는 삶을 더는 할 수 있는 체력이 없다.

주변에서는 결혼하는 사람도 있어 각자 가정을 챙기기 급급하며, 인위적으로 취미 모임을 만들어 참여하는 것도 일회성에 가깝다. 취미가 같아도 마음 맞는 사람이 있어야 그 만남이 유지가 되기 때문이다. 30대는 '시간'이 곧 돈이다. 나 또한 시간의 소중함을 절실히 깨닫는다. 내 시간을 써서 누군가를 만난다는 것은 그만큼 값지다고 생각하기에 관계에서 굉장히 신중해진다. 결국은 인연을 만나는 것은 소개팅밖에 없다. 한 통계청 자료에 의하면, 소개팅으로 만나서 결혼도 아니고 연인으로 발전할 수 있는 확률이 단 13%에 불과하다고 한다. 그만큼 내가 마음에 드는 사람이 나를 좋아한다는 것은 기적에 가깝다. 여러 소개팅에 실패하고 집에 돌아가는 그 기분은 현타가 와서 견디기 힘들 정도라 한다. 돈과 시간을 몇 번째 허비하고 있기 때문이다.

더욱이 나이가 한 살 한 살 먹으며 내가 중요하게 생각하는 가치관을 바탕으로 상대방을 바라보기 때문에 자연스레 사람을 재게 된다. 경제활동을 하는 나이기 때문에 돈이나, 직업, 성격, 집안 등을 더 유심히 보게되고 단 하나라도 내 조건에 맞지 않는다고 생각되면 금세 돌아선다.

30대 되면 이러니까 20대 때 많은 사람을 꼭 만나야 하고, 20대의 연애를 30대까지 이어가라는 것이 아니다. 20대부터 나를 부지런히 갈고 닦아 내가 매력적인 사람이 되어야 인연이 굳이 애쓰지 않아도 온다는 것이다. 지금 내 옆에 있는 사람을 그만큼 소중히 여기고 아껴야 하는 이유이기도 하다.

셋째, 보이는 것은 생각보다 중요하다. 많은 사람은 얘기한다. 겉치레는 크게 중요하지 않으며 내면의 아름다움을 가꿔야 한다고 말이다. 내면의 강인함이나 아름다움을 가진 사람들은 그 어떤 어려움도 이겨낼 수 있는 강력한 힘을 가지고 있다. 보이는 그 이상으로 그 어떤 시류에도 흔들림이 없으며, 감정의 기복 없이 본인만의 일정한 패턴대로 세상을 살아간다. 내 심리가 흔들리고 마음이 불안정하면 잘하던 일도 그르치기에 십상이며 주변 사람들을 힘들게 한다.

하지만 여기서 중요한 것은 보이는 것도 이 세상을 살아가는 데 큰 영향을 미친다는 것이다. 내 손목에 롤렉스를 차고 있다면 사람들이 어떻게 생각할까? 시계를 떠올리면 사람들은 롤렉스부터 생각한다. 아무리 시계에 해박하고 돈이 많은 사람이라도 시계는 롤렉스를 부정하는 것으로 시작해서 롤렉스를 인정하는 것으로 끝난다. 모두 나를 전보다 다르게 볼 것이다.

손흥민의 시계로 유명한 파텍필립 손목시계는 최저 1억이 넘는다. 파텍필립이 한 말 중에 이런 말이 있다.

'당신은 파텍필립을 소유한 것이 아닙니다. 다음 세대를 위해 잠시 맡아 두는 것입니다.'

이 말의 의미는 무엇일까? 이것의 의미는 우리의 시계는 당신의 시대로서 우리의 시계가 소비되는 것이 아니며, 다음 세대까지의 우리의 시계는 그 세대의 최고의 만족감을 선사할 것이며 영원할 것이라는 말이다. 또 다른 일화로는 어떤 은행의 금융인이 "나는 리베르소를 착용한 고객과 만나면 긴장하며 앉은 자세를 다시 바로잡습니다. 그의 엄격한 취향을 만족시키는 것은 쉬운 일이 아니니까요."라는 이야기했다.

이처럼 사치품인 시계 하나만 예를 들어도, 어떤 시계를 차느냐에 따라 그 사람의 계급이 나뉘고, 나를 평가하는 기준과 잣대가 달라짐을 알 수 있다.

몇 억보다 연예인급 조각처럼 잘 생긴 외모를 가지고 싶어 하는 사람들이 많은 이유는 그 외모면 노력하지 않아도 따라오는 것이 있기 때문이다. 길거리 캐스팅만 해도 생각해 보자. 내가 어떤 능력을 갖추고 있고 나와 대화 한 번도 안 해본 사람이 어떻게 나에게 명함을 주며 캐스팅 제안을 하겠는가? 외모가 출중하기 때문이다. 남들이 봐도 기분 좋은 얼굴을 가진 것도 본인만의 큰 무기다.

중요한 비즈니스 자리나 격식 있는 장소에 갈 때를 떠올려보자. 격식에 맞지 않는 옷을 입거나 허름한 옷을 입은 채 겉모습에 무심하게 간다면 사람들은 그들의 내면적인 모습도 그럴 것이라고 동일시한다. 깔끔한 외면적 모습이 상대방에게 좋은 인상을 주고 좋은 기회가 따라온다. 기회는 하늘이 주는 것이 아니다. 사람이 주는 것이다. 최고급 명품을 두르라는 것이 아니라 내가 관심 있고 가치 있는 것에 조금이라도 투자한다면 그 물건을 더 아끼게 되고 내가 그것을 들고 갔을 때 나를 만나는 상대방에게도 '존중받고 있구나.'라는 긍정적인 메시지를 줄 수 있다.

돈을 투자하는 것뿐만 아니라 운동을 꾸준히 하거나, 헤어스타일을 바꾼다거나, 매일 깔끔히 면도하는 것, 이 모든 것도 타인에게 긍정적으로 비칠 수 있는 강력한 습관이다.

넷째, 자랑하지 말고 항상 겸손하라. 내가 좋은 일이 생겼다고 가정하자. 그래서 주변 사람들에게 자랑하고 다닌다. 나를 정말 진정으로 100% 축하해 줄 사람은 이 세상에 가족밖에 없다. 제일 친한 친구도 본인이 상황이 여의치 않을 땐 축하해주면서도 가슴 한편으로는 질투를 가질 수밖에 없다. 이건 그 사람이 잘못된 것이 아니라 사람으로 태어난 이상 어쩔 수 없다. 인간은 원래 한없이 이기적이다. 내가 한없이 힘들 때 위로를 해주지만 그 위로 한편에는 본인 삶에 빗대어 타산지석으로 삼으며 '저렇게는 안 되어야겠다.'라는 생각을 가질 수도 있다. 내 약점을 오히려 드러내는 꼴이 된다. 입을 닫고 귀를 열며 아무리 좋은 일이 생겨도 자랑하지 말자. 내 인생에 득 될 것이 없다. 남몰래 준비하고, 당당하게 이뤄내고, 그 위치가 설 때 말하는 것이 바람직하다.

내 자랑만 늘려놓게 되면 결국 남는 것은 따가운 눈초리와 화살이다. 나 스스로만 만족하고 다음 스텝을 밟아나가는 데 더 집중하자.

유명 연예인들을 보자. 흔하진 않지만 단 한 번의 조그마한 실수라도 본인의 이미지에 영향을 미치는 것이 연예인이다. 한순간의 나락으로 치닫는 것은 그리 놀랄 일이 아니다. 미래는 그 누구도 예측할 수 없어서, 어떤 일이 나에게 또 일어나 추락할 수도 있으니 함부로 떠벌리고 다니지 말고 늘 겸손의 태도를 유지해야 한다.

내 첫 번째 책은 내 인생에서 큰 의미가 있다. 내 메시지가 처음 세상에 알려진 순간이기 때문이다. 마지막으로 하고 싶은 말은 내 책 제목이다. 『간단하게 더 단순하게』 살아가야 한다. 생각을 많이 하면 안 된다. 그럼 결과는 항상 부정적으로 생각하고 온갖 핑계를 만들어 시도하지 못하게 만든다. 우리 뇌는 안정적인 것을 추구하고 항상 보수적이기에 그렇다. 생각하지 말고 바로 행동에 옮겨야 한다. 아무리 내가 계획적인 인간이라 해도 모든 경우의 수를 예상할 수는 없다. 여행이 곧 인생이라고 하는 이유가 여행에서 갑자기 소매치기를 당한다거나, 길을 잃는다거나 하는 돌발상황을 우리는 예측했는가? 전혀 아니기 때문이다. 잡념이 많아지는 순간 존재하지도 않는 내 상상 속의 걱정과 상황들이 모여 내 미래를 갉아먹는다. 그냥 간단하게 더 단순하게 뇌를 깨끗이 하고, 과도한 생각 없이 바로 행동에 옮기자. 그 어떤 작은 보상이라도 나에게 기필코 온다.

어떻게 살 것인가?

내 주위 모든 것들이 정말 빠른 속도로 변화함을 몸소 느낀다. 오늘 출근길 집 앞에는 파리바게뜨에서 어느덧 크리스피로 바뀌어 오픈 행사로 많은 사람이 줄을 서 있고, 내 에어팟에서는 저번 주 새로 나온 포스트말론의 노래가 흐른다.

우리는 이처럼 빠르게 변하고 있는 모든 것 사이에서 매일 적응하는 삶을 살고 있다. 새벽반 첫 수영장에 발을 담글 때의 그 떨림처럼 처음 떨렸던 시작점도 시간이 지나면 모든 것이 익숙해질 것이라 믿는다. 우리가 이사를 하는 것도 지금보다 조금 더 나은 삶에 적응하기 위한 것이 아닐까. 무엇이든 처음이 힘들다. 아무리 척박한 환경, 어려운 일을 앞에 두고서도 사람이라면 누구나 적응을 한다. 다만 이 빠르게 변하는 모든 것에서부터 어떻게 삶을 올바르게 적응하며 살아가야 할지를 생각해본다.

우리는 과거를 돌아보고 정보를 가려내는 연습을 해야 한다. 광화문

교보문고에는 매일 300권이 넘는 신간들이 쏟아진다. 핸드폰에는 새로운 앱이 매일 100개씩 생긴다. 현재 음식점에 가면 로봇이 서빙을 한다. 실제로 친구가 이 로봇을 만드는 스타트업에서 일하고 있는데 하나를 구매하는 데 2,000만 원 가까운 비용이 든다고 한다. 비싼 돈을 지급하는 것만큼 서빙에 그 어떤 실수도 없이 완벽하다. 돈만 지급하면 이렇게 편하게 살 수 있는 세상에 놀라면서도 한편으로는 내 과거를 돌아보며 줏대 있는 삶을 살아야 한다고 여긴다. 과거에 저런 것들이 아무 필요가 없었는데도 나는 잘 살아왔고, 전혀 불편함을 못 느꼈다. 지금 최신폰 갤럭시 23을 산다고 해도 장담컨대 99%의 사람들은 전화, 카톡, 메시지, 카메라 등 몇 개의 용도로만 사용하고, 200개가 넘는 무수한 기능들을 사용하지 않는다. 나는 내 핸드폰에 무슨 기능이 있는지도 잘 모른다.

그러므로 과거를 돌아보며 필요한 것만 취하는 연습을 해야 한다. 정보의 바다 속에서, 과잉의 삶 속에서 모든 것을 취하려고 하지 말고, 내미래에 도움을 주거나 이롭다는 판단이 들 때 생각해보자는 것이다. 시간과 자원은 누구에게나 한정적이기에 모든 곳에 에너지를 쏟기엔 우린 체력이 받쳐주지 않는다. 모든 정보, 모든 인간관계, 나에게 주어진 것을 그대로 다 받아들인다면 큰 실수다. 내 지인은 보이스피싱을 당했는데 이벤트에 1등으로 당첨금을 내라고 하고 계약금을 넣은 뒤 받지 못했다. 신종 수법이었다. 이런 다양한 내 주위 불확실한 정보들을 맹목적으로 믿음으로써 큰 피해를 본 것이다.

또 다른 예시로 전세 사기가 있다. 전 세계에서 우리나라만 존재하는 전세제도는 어쩌면 금전적으로 서민들에게 큰 도움이 되는 제도임에도 불구하고, 내가 외국에 있을 때 많은 외국 친구들은 현 제도에 대해 매우 의아해했다. 어떻게 그 사람을 계약서 한 장으로 믿고 내가 평생 모은 돈을 맡길 수 있냐는 것이다. 그 말에 동의하면서도 전세라는 제도 자체가 보증보험도 있고 공인중개사가 있어 안정적이라고만 생각했는데 아니었다. 이것도 불확실한 정보에 따른 치명적인 피해사례다. 이 세상 만물은 모든 것이 긍정적 혹은 부정적 양면적으로 빠르게 변화하고 있기에 정신을 바짝 차려야 한다.

또 나만의 숙제가 뭔지 떠올려본다. 과유불급은 곧 진리와 같다. 내 주변에서 일어나는 대부분 문제는 욕심에서 비롯된다. 돈을 더 벌기 위해서 코인에 투자해 더 큰돈을 잃고, 의욕을 가지고 좀 더 잘해보려고 했던 것에서 오해가 생겨 관계에 다툼이 발생하고 질투가 생긴다. 정보의 무한 과잉 속에서 나는 영어도 배우고 싶고, 프랑스어도 더 배우고 싶고, 요리도 더 배우고 싶고, 운동도 배우고 싶다. 절대 불가능하다. 할 수 있겠지만 그 어느 하나도 제대로 결실을 못 낼 가능성이 99%다. 하나만 해도 제대로 할지 미지순데 이것저것 손만 댄다면 자신도 버티는 데 어려움을 느낄 것이다. 도전한다는 것에 자체에 의미를 둔다면 어쩔 수 없지만 하나만 집중해서 도전하는 것이 한 해를 마무리할 때에도 명확한 결과 앞에서 뿌듯함을 느낄 것이다. 그래야 결과도 좋다. '과정'보다 '결과'가 실제로는 훨씬 중요하다. 사람들은 기대하고 바라던 결과가 나오지 않았을 때 결과에 수긍하면서도 노력했던 과정을 어필한다. 그 과정 자체도 의미 있는 도전이었다고 생각하며 자기 위로를 한다. 과정도 물론 중요하다. 목표를 이뤄가는 그 순간순간의 실패에 따른 시행착오와 깨달음을 얻을 수 있기 때문이다. 하지만 우리가 간과하고 있는 것이 있다. 과정에는 사람들에게 칭찬과 격려를 받을 수 있을지언정 정작 '보상'은 존재하지 않는다는 것이다. 일터에 월요일부터 금요일까지 왜 가는가? 내가 맡은 업무의 과정 순간순간의 커리어패스를 쌓고 배우는 과정에 초점을 맞추러 매일 험난한 출근길을 견디는 걸까? 아니다. 일을 배우는 것도 중요하지만 무엇보다 돈을 벌기 위해, 생계를 꾸려나가기 위해 일터에 가는 것이다. 남들이 쉬쉬하지만 명백한 우리 모두의 목적은 돈, 즉 보상이다. 이것이 가장 중요하다.

우리는 과정을 얘기하기 전에 항상 결과를 당당하게 얘기를 하고 행동에 옮겨야 한다. 대한민국 사람들은 본인의 얘기를 할 때 그것이 돈이나 실질적인 내 이익을 취하는 목표라는 것이 상대방이 아는 것을 굉장히 두려워하고 부끄러워해 말을 빙빙 돌린다. 이로써 과정으로 이야기의 초점이 맞추어지는 오류를 범하는 것이다. 결과가 있어야 보상이 있다.

신발에 돌멩이 작은 것 하나만 있어도 걷는 데 발이 아프다. 결국은 결론이고 결과다. 돌멩이가 결국은 제거되어야 우리가 걷는 데 아프지 않다. 최종적으로 더 나은 결과, 더 나은 미래를 위해서 우리는 과정을 돌봐야 한다는 생각을 한다.

늘 욕심을 버리고 나에게 필요한 것을 주체적으로 선별하는 연습이 필요하다. 나만의 숙제만 떠올려라.

행동에 있어서도 이유를 찾아보자. 기계적인 삶은 진짜 기계와 다를 게 없다. 우리는 생각한 대로 행동할 수 있는 이상적 사고하는 인간이다. 인간으로 태어난 이상 우리가 만드는 기계 따위와 비교를 당한다면 얼마나 기분이 나쁠까. 오늘 친구와 점심을 먹었다. 내가 경상도 출신이라는 것을 얘기하다가 본인도 대구에서 일을 3개월 정도 해보았다고 했다. 서울과 다른 대구에서 가장 놀랐던 점이 대구에서는 서울과 다르게 출근길 지하철 앞에서 사람들이 뛰지 않는다는 것이다. 걸으면서 나름 지방 사람답게 여유롭게 다닌다는 것이다. 그 말을 듣자마자 매일 바쁘게 뛰어가고, 지하철에 숨도 못 쉬면서 가는 기계 같은 삶에 대한 회의가 몰려왔다. 얼마 전 김포 골드라인 지하철 사건을 들어봤을 것이다. 사람이 많으면 그 압박에 못 이겨 숨을 못 쉬는 사람들이 생긴다. 이태원 사건처럼 말이다. 그 압박을 견디면서까지 모든 사람이 회색의 얼굴로 우리는 왜 출근하는 걸까? 출근해서는 내가 왜 이 일을 하는 걸까? 기계적으로 일을 쳐내지 말고 그 이유를 생각하면 이 변화하는 과잉의 시대 속에서 내 삶의 의미를 비로소 찾게 된다. 이 일을 함으로써 프로세스가 개선

된다거나, 실적이 올라간다거나, 회사에 긍정적인 영향을 끼치는 이유를 명확히 찾아야 아침에 내가 일어나는 이유가 생긴다. 그 일로 비로소 다른 일도 시도해 볼 수 있다. 기계적인 삶은 딱 거기까지밖에 못 한다. 생각의 확장을 막아 내 삶의 성장을 막는다. 모든 것을 취하기 전에 이유를 찾아보자. 나는 이 일을 도전함으로써 이 일을 선택함으로써 무엇을 얻고자 하는가? 왜 얻고자 하는가? 내가 좋아하는 스타트업 사장(사실은 내 오랜 친구다)은 어릴 적부터 1조를 꼭 벌어야겠다고 떠들고 다녔다. 왜 1조를 벌어야 해? 라고 물으니 답이 바로 나왔다. 그 돈으로 세상을 바꾸고 싶단다. 사람들에게 선한 영향력을 행사하고 싶단다. 그것이 죽기 직전의 자기 소망이라고 한다. 얼마나 멋있는가.

나는 글을 왜 쓰는가? 나는 오늘 운동을 왜 하는가? 회사는 왜 다니는가? 돈은 왜 버는가?

행복하기 위해서다. 어릴 때를 생각해보자. 하기 싫은 일을 시켜서 억지로 했을 때 즐거웠나? 그 성적과 결과가 좋았나? 절대 아니다. 앞으로도 그럴 것이다. 우린 싫어하는 것을 억지로 하지 않고 과감하게 내가 하는 일(혹은 주어진 일)을 행복하게 하거나, 좋아하고 재밌는 일만 찾아서 해야 한다. 지금 내 모습이 행복하면 일에 대한 긍정적인 열정이 뒤따르며 나아가 곧 또 다른 좋은 기회가 오고 인정받을 수 있다. 지금 불행한 누군가가 있다면 자기 탐색과 도전을 통해 내가 재밌는 일을 찾아가면 그뿐이다.

이 모든 변화 속에서 더 빠르게 적응해서 삶을 더 진하게 살아보자.

지금 내 20대, 30대 이 순간에만 내 삶을 송두리째 바꿀 수 있다고 느낀다. 지금뿐이다. 내가 지금 시간을 어디에 투자하고 있는지가 내 앞으로의 70년을 바꾼다. 일반적인 삶이 아닌 보다 특별한 삶을 위해 오늘을 잊지 말자. 나의 30대는 몇 년 남지 않았다.

이야기를 마치며

인생의 정의는 '지속적인 고통과 간헐적 행복'이다. 인생은 늘 고통이고 우리는 그 짧은 간헐적 행복만을 바라보며 살아가는데, 그 행복이 왔을 때 느끼는 행복감이 고통보다 더 크기에 살아가는 힘이 된다는 것.

도파미네이션이라는 것이 있다. 우리 몸은 도파민이라는 신경전달 물질이 나오는데, 사람에게 쾌락을 주는 호르몬이다. 하지만 쾌락의 과잉은 오히려 고통을 유발한다. 뇌에서 보상을 얻기 위한 동기부여로 우리에게 도파민이 나오고, 이것을 삶에 적용하면 보상이 곧 간헐적 행복이다. 지속적인 행복을 추구하면 오히려 중독되어 고통이 길어진다. 행복은 늘 '간헐적'이어야만 한다.

그렇다면 개인이 삶을 바라본 '지속적 고통과 간헐적 행복'에서 나아가 사회로 접근해 보자.

앞서 쓴 글에서 우리가 멋진 자동차, 좋은 집, 좋은 옷을 갈망했던 게 불과 100년도 안 됐다는 얘기를 한 적이 있다. 사람도 똑같다. 불과 80년 전에 우리보다 발전한 유럽의 선진국에서는 600만 명의 유대인을 학살했고, 세계를 주름잡는 미국에서는 150년 전만 해도 사람을 재산 일부로 여겼다. 역사를 돌이켜보면 멀쩡하던 문명국가가 한순간의 잘못된 선택으로 나락으로 가기도 한다.

그렇다면 원래 이렇게 사람은 욕망을 추구하는 동물인가? 그들이 문명을 만들고 사회를 만든 건 욕망 때문일까? 오로지 남과의 경쟁에서 이겨 나를 지키기 위한 생존본능의 노예들일까?

이솝우화를 보면 한 아이가 우물에 빠져 허우적대고 있으면 그 누구라도 나서서 도와주려고 한다. 이것은 단순히 보상을 얻으려는 것이 아닌 아이를 도와주려는 이타적인 행동이다. 그렇다면 이 선의의 행동들은 어떻게 설명할 것인가? 바로 변이다. 변이는 생물학적인 정의로 같은 종에서 성별, 나이와 관계없이 모양과 성질이 다른 개체가 존재하는 현상을 일컫는다. 누구는 이타적인 감정을 더 많이 느낄 것이고, 누구는 나에게 보상이 없다면 이타적 행동을 하지 않을 것이고, 또 다른 누구는 아예 별 관심도 없을 것이다. 이것이 사람에게 나타나는 변이다.

인간은 태어남으로써 하한선도 상한선도 없다는 생각을 한다. 한쪽으로 빠지면 끝없이 치우쳐 그 균형을 찾기가 힘들다. 그래서 우리는 교육을 해야 한다. 이타적인 감정을 더 많이 느끼도록, 선하고 올바르게 인생을 살아가도록 서로 교육을 해야 한다. 그래서 학교가 있는 것이고, 누구나 배우고 싶은 욕구가 있는 것이다. 그냥 맹목적인 교육보다 학습할 수 있는 환경을 조성해 주는 것. 후천적으로 습득할 수 있도록 개인과 사회가 노력하는 것. 나와 너, 우리가 좀 더 높은 수준으로 이 세상에 남아 있는 것. 이것이 진정한 개인으로서 사회를 바라보는 올바른 시각이라고 믿는다.

그 누구도 어떤 개체도 '나는 왜 태어났지? 왜 존재하지?' 존재 이유와는 영향을 받지 않았다. '그냥 우연히' 하드웨어인 뇌와 몸만 가진 채 그렇게 태어났다. 뇌는 생존 기계에 불과하지만 자기를 이해하도록 만들어진다. '나는 왜 존재하지?' 나를 이해하려는 노력이 우선시되어야 그것이 개인에게나, 사회에게나 발전이 있다. 게을러지기 시작하면 믿을 수 없을 정도로 짧은 기간에 인간은 퇴행해 버린다.

진짜 삶의 의미에 대해 생각해 본다. 삶의 의미에는 정답이 명확히 정해져 있다. '없다.' 없는 것이 정답이다. 이 의미는 내가 살아가면서 만드는 것이다. 내가 이 의미를 만들면 다른 사람의 인생에 크게 간섭하거나 동요되지 않으며 나와 상대방 모두에게 관대해질 수 있다.

우리는 왜 자살하지 않는가? 지금 살아 있는 모두에게 다 통하는 보편적 공감이다. 바로 각자가 중요하게 여기는 삶의 이유와 목적이 있기 때문이다. 내가 하고자 하는 것, 내가 믿고자 하는 것, 내가 좋아하는 것이 옳다고 믿으며 당당하게 살아가는 것이 진짜 삶의 의미라고 여긴다. 좋아하는 것에 간헐적 행복이 크게 오고, 그 큰 행복으로 또 지속적인 고통을 감내할 힘을 얻는 것이다.

그래서 오늘도 나는 내가 좋아하는 책 한 권이라도 더 읽고, 좋아하는 사람과 맛있는 것을 먹으며 이 아까운 시간을 간헐적이나마 행복하게 보내는 데 집중하고자 한다.

지금까지 살아온 몇십 년의 인생을 다 안다고 가정하고 과거로 돌아가 내가 바라고 원하는 대로 바꿔보면 어떨까? 지금과 다른 선택을 했더라면 어땠을까? 지금의 삶은 다 알고 있으니 다소 재미가 없을 수도 있겠다.

삶은 이렇게 살 수도, 저렇게 살 수도 있는 것이다. 아무도 그 결과를 예측하지 못하며 오로지 사람으로 태어난 이상 그저 지금 현실에 충실할 뿐이다. 어떤 결과를 맞든 내가 어떻게 받아들이고 해석하느냐에 따라 지금 내 삶과 앞으로의 삶이 바뀐다. 원효대사의 해골 물만 봐도 알 수 있지 않은가.

하지만 하나 바뀌지 않는 것이 있다. 다른 선택을 했을 때 그때의 행동, 결과들은 모두 바뀌겠지만 내가 삶을 대하는 태도는 절대 바뀌지 않았을 것이라고 장담한다.

셀프리더십을 가지고 있기 때문이다. 셀프리더십이 있으면 자기 자신을 명확히 알고, 어떤 경험을 중요시해야 하는지 알고, 인생을 보다 주체적으로 살아가게 된다. 누군가 시키지 않아도, 주말 새벽 6시에 일어나는 직장인, 자영업자들은 왜 그런 것일까? 그야 당연히 내가 이 시간에 일어남으로써 하고 싶고 이루고자 하는 것이 있기 때문이다. 그 누구도 시키지 않았다.

셀프리더십은 어떻게 주체적으로 나만의 길을 찾고 나만의 길을 만들어가고, 기회를 잡아가느냐를 우리에게 알려준다. 셀프리더십과 함께 허황된 미래를 바라보지도 말고, 지나가 버린 과거를 그리워하지도 후회하지도 말고, 지금 내 눈앞에 있는 지금을 충실히 살아가는 주체적인 삶을 여러분도 살기 바란다.

내가 이 책에 적은 수많은 과거와 현재의 생각들 비교에는 같은 것이 전혀 없다. '왜 이때는 이렇게밖에 생각하지 못했지?'라며 현재를 위안 삼으면서도 반대로 지금보다 '그때의 행동이 더 멋스럽고 순수했었는데?'라고 반성하기도 한다.

변화하는 상황, 생각 속에서 지금 현재를 당당하게 맞이할 수 있는 것은 셀프리더십뿐이다. 오늘을 충실하게 살아가는 우리에겐 밝은 미래만이 기다릴 것이다. 건투를 빈다.